KB043649

MP3 다운로드 방법

컴퓨터에서

- 네이버 블로그 주소란에 **www.lancom.co.kr** 입력 또는 네이버 블로그 검색창에 **랭컴**을 입력하신 후 다운로드

- **www.webhard.co.kr**에서 직접 다운로드
  아이디 : **lancombook**
  패스워드 : **lancombook**

MP3
사용법

▶ mp3 다운로드

www.lancom.co.kr에 접속하여 **mp3**파일을 무료로 다운로드합니다.

▶ 우리말과 원어민의 1 : 1 녹음

책 없이도 공부할 수 있도록 원어민 남녀가 자연스런 속도로 번갈아가며 영어 문장을 녹음하였습니다. 우리말 한 문장마다 원어민 남녀 성우가 각각 1번씩 읽어주기 때문에 보다 더 정확한 발음을 익힐 수 있습니다.

▶ mp3 반복 청취

교재를 공부한 후에 녹음을 반복해서 청취하셔도 좋고, 원어민의 녹음을 먼저 듣고 잘 이해할 수 없는 부분은 교재로 확인해보는 방법으로 공부하셔도 좋습니다. 어떤 방법이든 자신에게 잘 맞는다고 생각되는 방법으로 꼼꼼하게 공부하십시오. 보다 자신 있게 영어를 할 수 있게 될 것입니다.

▶ 정확한 발음 익히기

발음을 공부할 때는 반드시 함께 제공되는 mp3 파일을 이용하시기 바랍니다. 언어를 배울 때 듣는 것이 중요하다는 것은 두말할 필요가 없습니다. 오랫동안 자주 반복해서 듣는 연습을 하다보면 어느 순간 갑자기 말문이 열리게 되는 것을 경험할 수 있을 것입니다. 의사소통을 잘 하기 위해서는 말을 잘하는 것도 중요하지만 상대가 말하는 것을 정확하게 듣는 것이 더 중요하다고 합니다. 활용도가 높은 기본적인 표현을 가능한 한 많이 암기할 것과, 동시에 원어민이 읽어주는 문장을 지속적으로 꾸준히 듣는 연습을 병행하시기를 권해드립니다. 듣는 연습을 할 때는 실제로 소리를 내어 따라서 말해보는 것이 더욱 효과적입니다.

포켓북
왕초보 영어회화

포켓북
왕초보 영어회화

2018년 11월 05일 초판 1쇄 인쇄
2023년 10월 10일 초판 9쇄 발행

지은이 이서영
발행인 손건
편집기획 김상배, 장수경
마케팅 이언영
디자인 이성세
제작 최승용
인쇄 선경프린테크

발행처 *LanCom* 랭컴
주소 서울시 영등포구 영신로34길 19
등록번호 제 312-2006-00060호

전화 02) 2636-0895
팩스 02) 2636-0896
홈페이지 www.lancom.co.kr
ⓒ 랭컴 2018
ISBN 979-11-89204-16-7 13740

내 손에
펼쳐진
포켓북

왕초보
영어
회화

이서영 지음

LanCom
Language & Communication

영어가 중요하지 않았던 적이 이제껏 한 번이라도 있었을까마는 최근에는 인터넷상에서 정보나 지식을 공유하기 위한 의사소통의 수단으로서 영어의 중요성이 더욱 부각되고 있습니다. 이제까지 회화라고 하면 그저 많이 듣고 많이 따라 말하면 되는 줄 알았지만 이제 시간만 낭비하는 헛된 노력은 그만!

읽기 듣기 말하기 쓰기 4단계 영어 공부법은 가장 효과적이라고 알려진 비법 중의 비법입니다. 아무리 해도 늘지 않던 영어 공부, 이제 **읽듣말쓰 4단계공부법**으로 팔 걷어붙이고 달려들어 봅시다!

이 책은 휴대가 간편한 포켓북으로 제작되어 시간과 장소에 구애받지 않고 언제 어디서든 영어회화를 공부할 수 있습니다.

읽기

왕초보라도 문제없이 읽을 수 있도록 원어민 발음과 최대한 비슷하게 우리말로 발음을 달아 놓았습니다. 우리말 해석과 영어 표현을 눈으로 확인하며 읽어보세요.

- 같은 상황에서 쓸 수 있는 6개의 표현을 확인한다.
- 우리말 해석을 보면서 영어 표현을 소리 내어 읽는다.

듣기

책 없이도 공부할 수 있도록 우리말 해석과 영어 문장이 함께 녹음되어 있습니다. 출퇴근 길, 이동하는 도중, 기다리는 시간 등, 아까운 자투리 시간을 100% 활용해 보세요. 듣기만 해도 공부가 됩니다.

- 우리말 해석과 원어민 발음을 서로 연관시키면서 듣는다.
- 원어민 발음이 들릴 때까지 반복해서 듣는다.

쓰기

영어 공부의 완성은 쓰기! 손으로 쓰면 우리의 두뇌가 훨씬 더 확실하게, 오래 기억한다고 합니다. 별도의 쓰기노트를 준비하여 적어도 3번 정도 또박또박 쓰면서 공부하다 보면 생각보다 영어 문장이 쉽게 외워진다는 사실에 깜짝 놀라실 거예요.

- 먼저 기본 문장을 천천히 읽으면서 따라쓴다.
- 원어민의 발음을 들으면서 써본다.
- 표현을 최대한 머릿속에 떠올리면서 쓴다.

말하기

듣기만 해서는 절대로 입이 열리지 않습니다. 원어민 발음을 따라 말해보세요. 계속 듣고 말하다 보면 저절로 발음이 자연스러워집니다.

- 원어민 발음을 들으면서 최대한 비슷하게 따라 읽는다.
- 우리말 해석을 듣고 mp3를 멈춘 다음, 영어 문장을 떠올려 본다.
- 다시 녹음을 들으면서 맞는지 확인한다.

대화 연습

문장을 아는 것만으로는 충분하지 않습니다. 대화를 통해 문장의 쓰임새와 뉘앙스를 아는 것이 무엇보다 중요하기 때문에 6개의 표현마다 Mini Talk를 하나씩 두었으며, Check Point!를 통해 회화의 감각을 익히도록 하세요.

- 대화문을 읽고 내용을 확인한다.
- 대화문 녹음을 듣는나.
- 들릴 때까지 반복해서 듣는다.

PART

01

인사
감정
의사 表現

PART
02

화제
취미
여가 표현

PART

03

일상
생활
여행 表現

PART

04

전화
사교
긴급 표현

알파벳 문자

A a 에이	**B b** 비-	**C c** 씨-	**D d** 디-
E e 이-	**F f** 에프	**G g** 쥐-	**H h** 에이취
I i 아이	**J j** 줴이	**K k** 케이	**L l** 엘
M m 엠	**N n** 엔	**O o** 오우	**P p** 피-
Q q 큐-	**R r** 아알	**S s** 에쓰	**T t** 티-
U u 유-	**V v** 뷔-	**W w** 더블유	**X x** 엑스
Y y 와이	**Z z** 쥐-		

알파벳의 대문자와 소문자
위의 알파벳 문자표 왼쪽에 있는 ABCDEFGHIJKLMNOPQRSTUVWXYZ를 대문자라 하고,
오른쪽에 있는 abcdefghijklmnopqrstuvwxyz를 소문자라고 합니다.
원래는 대문자밖에 없었으나 쓰기 불편하고 문장의 구분을 위해서 소문자가 생겨났다고 합니다.

알파벳 소리

A 애	**B** 브	**C** 크	**D** 드
E 에	**F** 프	**G** 그	**H** 흐
I 이	**J** 즈	**K** 크	**L** 르
M 므	**N** 느	**O** 오	**P** 프
Q 크어	**R** 르	**S** 스	**T** 트
U 어	**V** 브	**W** 우어	**X** 크스
Y 이	**Z** 즈		

ㄱ + ㅐ → 개

[기역   애]   [개]

d + o + g → dog

[디   오   지]   [독]

우리말에 '개'를 '기역, 애'라고 따로 떼어서 읽지 않듯이 영어에서도 dog을 '디, 오, 지'라고 읽지 않고 '독'이라고 읽습니다.

알파벳은 '소리'를 나타내는 문자입니다. 그러므로 '문자 그 자체'를 읽는 것이 아니라, 그 문자가 '단어의 일부 되었을 때 읽는 법'을 아는 것이 매우 중요합니다. 즉, 우리말에서 ㄱ, ㄴ, ㄷ, ㄹ... 등의 자음과 ㅏ,ㅑ,ㅓ,ㅕ,ㅗ,ㅛ... 등의 모음이 합쳐져 하나의 음절을 이루고, 그 음절이 모여 단어가 되듯이 영어도 위의 예처럼 마찬가지입니다.

🔊 모음

A a	E e	I i	O o	U u
map	**pen**	**sit**	**toy**	**cup**
[맵]	[펜]	[앁]	[토이]	[컵]
지도	펜	앉다	장난감	컵

◀) 자음

B b	**boy** [보이] 소년	C c	**cat** [캩] 고양이	D d	**duck** [덕] 오리
F f	**fish** [피쉬] 물고기	G g	**girl** [거-ㄹ얼] 소녀	H h	**hat** [햍] 모자
J j	**jelly** [젤리] 젤리	K k	**king** [킹] 왕	L l	**lion** [라이언] 사자
M m	**money** [머니] 돈	N n	**name** [네임] 이름	P p	**pig** [피그] 돼지
Q q	**queen** [퀸-] 여왕	R r	**rock** [락] 바위	S s	**sun** [썬] 태양
T t	**tiger** [타이거러] 호랑이	V v	**vase** [베이스] 꽃병	W w	**window** [윈도우] 창문
X x	**box** [박스] 박스	Y y	**yellow** [옐로우] 노랑	Z z	**zoo** [주-] 동물원

◀) 다음 알파벳은 위의 소릿값과 다르게 읽는 경우도 있습니다.

C c	**city** [씨티] 도시	G g	**orange** [오린쥐] 오렌지	S s	**rose** [로-즈] 장미

PART 01

인사·감정·의사 → 표현

Expression

일상적으로 인사할 때

>> 녹음을 듣고 소리내어 읽어보세요?

Mini Talk

A: Good morning, Tom.

굿 모닝, 탐

안녕하세요. 톰.

B: Good morning, Jane.

굿 모닝, 제인

안녕하세요. 제인.

Check Point!

동서양을 불문하고 인간관계에 있어 인사는 매우 중요한 예절이에요. 누구를 만나든 인사로 시작해서 인사로 끝나니까요. 하지만 외국인과 만나 자연스럽게 인사를 나누는 것은 그리 쉽지 않죠. 자신감을 가지려면 다양한 상황에서 쓸 수 있는 인사말을 익혀둬야 해요. 천리 길도 한 걸음부터! 한꺼번에 외우려고 애쓰지 말고 쉽고 가벼운 인사말부터 시작해요!

21

안녕하세요! (아침인사)
Good morning!
굿 모닝

안녕하세요! (낮인사)
Good afternoon!
굿 앱터눈

안녕하세요! (밤인사)
Good evening!
굿 이브닝

안녕히 주무세요!
Good night!
굿 나잇

안녕하세요! / 안녕!
Hello! / Hi!
헬로우 / 하이

좋은 하루 되세요.
Have a nice day!
해버 나이스 데이

 01 대화 다시듣기

A: 안녕하세요. 톰.

B: 안녕하세요. 제인.

22

Unit 02 근황을 물을 때

>> 녹음을 듣고 소리내어 읽어보세요?

Mini Talk

A: Hi, Tom. How`s it going?

하이, 탐. 하우즈 잇 고잉

안녕, 톰. 어떻게 지내세요?

B: Pretty good. And you?

프리티 굿. 앤듀

아주 잘 지내요. 당신은요?

Check Point!

가장 무난하게 누구에게나, 아무 때나 쓸 수 있는 인사말은 How are you?(안녕하세요?)예요. 그 밖에도 근황을 묻는 인사말은 How로 시작하는 인사말과 What으로 시작하는 인사말로 나눌 수 있어요. How 인사말은 "어떻게 지내요?"라고 기분과 컨디션을 물어보는 것이고, What 인사말은 상대방의 근황을 좀 더 디테일하게 질문하는 거예요.

23

어떻게 지내셨어요?

How have you been?

하우 해뷰 빈

어떻게 지내세요?

How are you doing?

하우 알 유 두잉

요즘 어때요?

How's everything?

하우즈 애브리씽

뭐 새로운 소식 있어요?

What's new?

왓츠 뉴

별일 없어요?

What's going on?

왓츠 고잉 온

가족분들은 잘 지내시죠?

How's your family?

하우즈 유얼 패멀리

---

02 대화 다시듣기

A: 안녕, 톰. 어떻게 지내세요?
B: 아주 잘 지내요. 당신은요?

24

Unit 03 처음 만났을 때

학습일 / □

>> 녹음을 듣고 소리내어 읽어보세요?

Mini Talk

A: Hi, I'm Jane. Nice to meet you.

하이, 아임 제인. 나이스 투 밋츄

안녕하세요, 제인 이에요. 만나서 반가워요.

B: Hi, Jane, Pleasure to meet you. I'm Tom.

하이, 제인. 프레줘 투 밋츄. 아임 탐

안녕하세요, 제인. 만나서 기뻐요.
난 톰이에요.

Check Point!

처음 만난 외국인과 인사하는 것은 사실 생각처럼 쉽지 않아요. 게다가 격식 있는 자리인지 가벼운 친구 소개인지, 상대가 남자인지 여자인지 어른인지 아이인지, 혼자 만나는지 여럿이 만나는지, 앞으로 오래 봬야 할 사람인지 그 냥 지나치는 사람인지 상황도 엄청나게 다양하죠. 하지만 첫인사는 결국 다 비슷비슷해서 몇 가지만 알면 돼요.

25

만나서 반갑습니다.

I'm glad to meet you.

아임 글랫 투 밋츄

저 역시 만나서 반갑습니다.

Glad to meet you, too.

글랫 투 밋츄, 투

만나서 기뻐요.

Nice to meet you.

나이스 투 밋츄

만나서 반가워요.

Good to meet you.

굿 투 밋츄

만나서 기뻐요.

It's a pleasure to meet you.

잇처 프레줘 투 밋츄

말씀은 많이 들었습니다.

I've heard a lot about you.

아이브 허드 어 랏 어바웃 유

---

 03 대화 다시듣기

A: 안녕하세요, 제인 이에요. 만나서 반가워요. ☐ ☐ ☐
B: 안녕하세요, 제인. 만나서 기뻐요. 난 톰이에요.

26

오랜만에 만났을 때

>> 녹음을 듣고 소리내어 읽어보세요?

Mini Talk

A: It's nice to see you again! It's been ages.

잇츠 나이스 투 씨 유 어게인! 잇츠 빈 에이쥐스

다시 만나서 반가워요. 오랜만이에요.

B: Same here, Jane. How have you been?

쎄임 히얼, 제인. 하우 해뷰 빈

저도요, 제인.

그동안 어떻게 지내셨어요?

Check Point!

오랜만에 만났을 때 가장 일반적으로 쓰는 인사 표현은 It's been a long time.(오랜만입니다)입니다. 친구 사이에서는 Long time no see.(오랜만이야!)를 가장 많이 쓰죠. 이어지는 표현은 Time flies.(세월 참 빠르네요) / It's good to see you again.(다시 만나 반가워요) / You haven't changed at all.(하나도 안 변하셨어요) / I've missed you.(보고 싶었어요) 등이 있어요.

오랜만이에요.

It's been a long time.

잇츠 빈 어 롱 타임

정말 오랜만이에요.

It's been so long.

잇츠 빈 쏘 롱

오랜만이야.

Long time no see.

롱 타임 노 씨

그동안 어떻게 지내셨어요?

How have you been?

하우 해뷰 빈

오랜만이네요, 그렇죠?

It's been a long time, hasn't it?

잇츠 빈 어 롱 타임, 해즌닛

다시 만나니 반가워요.

I'm glad to see you again.

아임 글래드 투 씨 유 어게인

---

 04 대화 다시듣기

A: 다시 만나서 반가워요. 오랜만이에요.

B: 저도요, 제인. 그동안 어떻게 지내셨어요?

28

Unit 05 우연히 만났을 때

>> 녹음을 듣고 소리내어 읽어보세요?

Mini Talk

A: Look who's here! How are you, Jane?

룩 후즈 히얼! 하우 알 유, 제인

아니 이게 누구야! 잘 있었어, 제인?

B: Just fine, Tom. Good to see you again.

저슷 퐈인, 탐. 굿 투 씨 유 어게인

잘 지내죠, 톰.
다시 만나 반가워요.

Check Point!

어디서 우연히 아는 사람을 만나면 왠지 놀랍고 반가운 기분이 들죠? 그래서 약간 과장된 표현을 하게 됩니다. 가장 자주 쓰는 인사는 Look who's here!(이게 누구야!) / What brings you here?(여긴 어쩐 일이세요?) 등의 간단하고 경쾌한 표현이죠. 친하지 않은 사람이라면 I didn't expect to see you here.(여기서 만날 줄은 생각도 못했네요) 정도로 인사하면 무난해요.

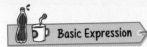

웬일이니!
What a surprise!
와러 서프라이즈

이게 누구야!
Look who's here!
룩 후즈 히어

세상 정말 좁군요.
What a small world!
와러 스몰 월드

여긴 어쩐 일이세요?
What brings you here?
왓 브링스 유 히어

당신을 이런 곳에서 만나다니 대박!
Fancy meeting you here!
팬시 미팅 유 히얼

(보고 싶던 참이었는데) 마침 잘 만났어요.
Just the person I wanted to see!
저슷 더 펄슨 아이 원팃 투 씨

 05 대화 다시듣기

A: 아니 이게 누구야! 잘 있었어, 제인?
B: 잘 지내죠, 톰. 다시 만나 반가워요.

>> 녹음을 듣고 소리내어 읽어보세요?

Mini Talk

A: **Good bye, Jane. Say hello to Tom.**

굿 바이, 제인. 쎄이 헬로우 투 탐

잘 있어, 제인. 톰에게 안부 전해줘.

B: **I will. Say hello to Dick, too.**

아 윌. 쎄이 헬로우 투 딕, 투

그렇게. 딕에게도 내 안부 전해줘.

Check Point!

매일 만나는 사람, 오랜만에 만난 사람, 우연히 만난 사람, 멀리 여행을 떠나는 사람 등 헤어질 때 쓸 수 있는 인사말은 상황마다 아주 다양해요. 하지만 초보자들은 일단 어떤 상황이든 공통적으로 쓸 수 있는 기본표현부터 익히는 것이 중요해요. Good bye.(안녕히 가세요) / See you later.(나중에 봐요) 등의 쉽고 간단한 관용 표현들을 먼저 익혀 적절하게 활용해 보세요.

안녕히 가세요(계세요)!

Good Bye!

굿 바이

몸조심하세요.

Take care of yourself.

테익 케어롭 유어셀프

나중에 봐요.

See you later.

씨 유 래더

또 봐요.

See you around.

씨 유 어롸운

곧 다시 만나요.

See you again soon.

씨 유 어게인 쑨

브라운에게 안부 전해 줘요.

Say hello to Brown.

쎄이 헬로우 투 브라운

▶ 06 대화 다시듣기

A: 잘 있어, 제인. 톰에게 안부 전해줘.
B: 그럴게. 딕에게도 내 안부 전해줘.

Unit 07 고마울 때

>> 녹음을 듣고 소리내어 읽어보세요?

Mini Talk

A: **Thank you for helping me.**

땡큐 풔 핼핑 미

도와주셔서 고맙습니다.

B: **You're welcome.**

유아 웰컴

천만에요.

Check Point!

영어권 사람들은 thank you.를 거의 입에 달고 산다고 해도 과언이 아니에요. 꼭 그래서는 아니지만 아무튼 누군가에게 도움을 받았을 때는 반드시 인사를 해야 합니다. 감사 표현은 주로 Thank you (for) ~.나 I appreciate your ~. 패턴을 사용하는데 기본적으로 thanks는 사람 또는 행위에 대해(뒤에 for를 붙여서) 모두 쓸 수 있고, appreciate는 행위에 대해서만 씁니다.

고마워요.

Thank you. / Thanks.

땡큐 / 땡스

너무 고마워요.

Thanks a lot.

땡스 어 랏

진심으로 감사드립니다.

I heartily thank you.

아이 하틀리 땡큐

와 주셔서 감사합니다.

Thank you for coming.

땡큐 풔 커밍

호의에 감사드립니다.

I appreciate your kindness.

아이 어프리쉬에잇 유얼 카인드니스

도와주셔서 감사합니다.

Thank you for helping me.

땡큐 풔 헬핑 미

---

 07 대화 다시듣기

A: 도와주셔서 고맙습니다. □ □ □

B: 천만에요.

Unit 08 미안할 때

>> 녹음을 듣고 소리내어 읽어보세요?

Mini Talk

A: **I'm sorry I'm late.**

아임 쏘리 아임 레잇

늦어서 죄송해요,

B: **That's all right.**

댓츠 올 롸잇

괜찮아요.

Check Point!

실수나 잘못에 대해 사과할 때는 보통 I'm sorry.(미안합니다)나 Excuse me.(미안합니다/실례합니다)라는 표현을 사용하고, 보통 That's all right.(괜찮습니다) 정도로 대답합니다. Excuse me.는 거의 Thank you. 만큼이나 자주 쓰지만 I'm sorry.는 아주 신중하게 사용해요. 그냥 가벼운 사과가 아니라 모든 책임을 인정한다는 사죄의 의미가 들어있기 때문이죠.

35

정말 죄송해요.
I'm very sorry.
아임 베리 쏘리

미안해요, 괜찮으세요?
Sorry, are you all right?
쏘리, 알 유 올 롸잇

사과드립니다.
I apologize to you.
아이 어팔러좌이즈 투 유

용서해 주십시오.
Please forgive me.
플리즈 �줘깁 미

늦어서 미안해요.
I'm sorry for being late.
아임 쏘리 풔 빙 레잇

제가 한 말에 대해 사죄드립니다.
I apologize for what I said.
아이 어팔러좌이즈 풔 워라이 셋

 08 대화 다시듣기

A: 늦어서 죄송해요.
B: 괜찮아요.

Unit 09 축하할 때

>> 녹음을 듣고 소리내어 읽어보세요?

Mini Talk

A: I am happy. I just heard I passed my exam.

아이 엠 해피. 아이 저슷 허드 아이 패스트 마이 이그잼

행복해. 방금 내가 시험에 합격했다고 들었어.

B: Congratulations!

컹그래춰레이션스

축하해!

Check Point!

Congratulations!는 노력해서 목적을 성취했거나 경쟁에서 승리했을 때 축하하는 표현입니다. 일반적으로 입학, 졸업, 취업 또는 무슨 대회에서 상을 타거나 합격했을 때 쓰는 축하 표현이죠. 그래서 원래는 결혼식에서 신랑 신부에게 쓸 수 있는 축하 표현이 아니지만 워낙 대표적인 축하 표현이다 보니 요즘은 그냥 두루두루 많이 쓰는 것 같아요. 끝에 –s 붙이는 거 잊지 마세요!

축하합니다!
Congratulations!
컹그래춰레이션스

생일 축하해요.
Happy birthday to you!
해피 벌쓰데이 투 유

결혼을 축하해요.
Congratulations on your wedding!
컹그래춰레이션스 온 유얼 웨딩

성공을 축하드립니다.
Congratulations on your success.
컹그래춰레이션스 온 유얼 썩세스

우리의 승리를 자축합시다.
Let's celebrate our victory!
렛츠 샐러브레잇 아워 빅터리

늦었지만 생일 축하해요.
It's late, but happy birthday!
잇츠 레잇, 벗 해피 벌쓰데이

---

 09 대화 다시듣기

A: 행복해. 방금 내가 시험에 합격했다고 들었어. □ □ □
B: 축하해!

38

Unit 10 환영할 때

>> 녹음을 듣고 소리내어 읽어보세요?

Mini Talk

A: I'm Jane White. I'm the new recruit here.

아임 제인 화잇. 아임 더 뉴 리쿠르트 히얼

제인 화이트입니다. 신입사원이에요.

B: Hi, Jane. Welcome aboard! I'm Paul Brown.

하이, 제인. 웰컴 어보드! 아임 폴 브라운

안녕하세요,
제인. 입사를 환영합니다.
저는 폴 브라운이에요.

Check Point!

누군가를 환영할 때 가장 많이 쓰는 표현은 Welcome!이죠. 언제 어디서나 쓸 수 있는 가장 쉽고 간단하고 무난한 표현이에요. 상황에 따라 Welcome to my home.(어서 오세요) / Welcome to Korea.(한국에 오신 것을 환영해요) / Welcome aboard.(입사를 축하해요) / Glad to have you with us.(같이 일하게 되어 반가워요) 등으로 기쁘게 환영하는 마음을 표현해 주세요.

환영합니다!

Welcome!

웰컴

돌아오신 걸 환영합니다.

Welcome back.

웰컴 백

입사를 환영합니다.

Welcome aboard.

웰컴 어보드

한국에 오신 것을 환영합니다.

Welcome to Korea.

웰컴 투 코리어

아무 때나 오세요.

You are welcome at any time.

유 알 웰컴 앳 애니 타임

진심으로 환영합니다.

I welcome you with my whole heart.

아이 웰컴 유 윗 마이 호울 핫

---

10 대화 다시듣기

A: 제인 화이트입니다. 신입사원이에요. ☐ ☐ ☐

B: 안녕하세요, 제인. 입사를 환영합니다. 저는 폴 브라운이에요.

Unit 11 행운을 빌 때

>> 녹음을 듣고 소리내어 읽어보세요?

Mini Talk

A: **Good-bye, Jane. Good luck!**

굿 바이, 제인. 굿 럭

잘 가요, 제인. 행운을 빌어요.

B: **Thanks. You, too!**

땡스. 유, 투

고마워요. 당신도요!

Check Point!

행운을 비는 대표적인 표현은 Good luck!(행운을 빌어!)이죠. wish를 써서 I wish you good luck.(행운을 빌어요!)라고 쓰기도 해요. 미국사람들은 둘째 손가락과 셋째손가락을 힘껏 꼬아서 십자가 모양을 만들며 이렇게 말해요. I'll keep my fingers crossed.(행운이 있기를 빌게요) 우리가 엄지와 검지로 하트 모양을 만들어서 사랑한다고 말하는 것처럼요.

행운을 빌게요.
Good luck to you.
굿 럭 투 유

신의 축복이 있기를!
God bless you!
갓 블레스 유

성공을 빕니다.
May you succeed!
메이 유 썩시드

행복하길 빌겠습니다.
I hope you'll be happy.
아이 홉 유일 비 해피

새해 복 많이 받으세요.
Happy new year!
해피 뉴 이얼

즐거운 크리스마스 보내세요.
Merry Christmas!
메리 크리스마스

11 대화 다시듣기

A: 잘 가요, 제인. 행운을 빌어요. ☐ ☐ ☐
B: 고마워요. 당신도요!

Mini Talk

A: **Tom, I'm walking on air now.**

탐, 아임 워킹 온 에어 나우

톰, 전 지금 정말 기분이 좋아요.

B: **What makes you so happy, Jane?**

왓 메익스 유 쏘 해피, 제인

뭐가 그렇게 좋아요, 제인?

Check Point!

서구인들은 대개 동양인에 비해 감정표현이 풍부한 편이라 언제 어디서나 자신의 감정을 솔직하고 대담하게 표현합니다. 기쁨이나 즐거움을 나타내는 표현도 아주 많아요. I'm so pleased.(정말 기뻐) / I'm so happy (무척 기뻐) / I'm flying(날아갈 것 같아) / I'm delighted.(정말 행복해) / I'm bursting.(터질 것 같아) 등 간단한 표현부터 시작해 봅시다.

Basic Expression

기뻐요!
I'm happy!
아임 해피

정말 기분 좋아요.
It really feels great.
잇 리얼리 필스 그레잇

당신 때문에 행복해요.
I'm happy for you.
아임 해피 풔 유

오늘 기분이 완전 최고예요.
I'm so happy today.
아임 쏘 해피 투데이

당신과 함께 있으면 즐겁습니다.
You're fun to be around.
유아 펀 투 비 어롸운

멋질 것 같아요!
That would be nice!
댓 우드 비 나이스

▶ **12 대화 다시듣기**   ☐ ☐ ☐

A: 톰, 전 지금 정말 기분이 좋아요.
B: 뭐가 그렇게 좋아요, 제인?

13 화날 때

>> 녹음을 듣고 소리내어 읽어보세요?

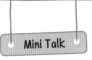
Mini Talk

A: Are you still mad at me?
알 유 스틸 맷 앳 미

아직도 나한테 화났어요?

B: It's okay now, I understand.
잇츠 오케이 나우, 아이 언더스탠드

이제 괜찮아요. 이해합니다.

Check Point!

배신감이나 분노를 느낄 땐 How could you ~? 패턴이 따지기 딱 좋아요.
How could you be so stupid?(어떻게 그렇게 멍청할 수가 있니?) What 뒤
에 the hell, on earth 등을 붙여서 '두대체' 라는 짜증스러운 뉘앙스를 더할
수 있고, Don't even think about ~패턴으로 생각도 하지 말라고 경고할 수
있어요. Don't even think about it.(그건 생각도 하지 마)

45

미치겠네!
Drive me nuts!
드라입 미 넛츠

말도 안돼(끔찍해).
That's awful!
댓츠 오풀

충격이다!
I'm so mad!
아임 쏘 맷

더 이상은 못 참아.
I can't stand any more.
아이 캔ㅌ 스탠 애니 모어

그만 좀 해.
That is enough.
댓 이즈 이넙

열 받게 하네!
That burns me up!
댓 번스 미 업

13 대화 다시듣기

A: 아직도 나한테 화났어요?

B: 이제 괜찮아요. 이해합니다.

46

Unit

14 슬프거나 외로울 때

학습일 / □

>> 녹음을 듣고 소리내어 읽어보세요?

Mini Talk

A: I hate the sad ending.
아이 해잇 더 새드 엔딩

난 새드 앤딩은 싫어요.

B: So do I.
쏘 두 아이

나도 그래요.

Check Point!

사람의 감정은 외국인이라고 해서 특별히 다르지 않아요. 슬플 때는 I'm sad.
(슬퍼요)라고 말하고, 슬픈 나머지 울고 싶은 심정일 때는 I feel like crying.
(울고 싶어요)라고 표현할 수 있습니다. 기분이 우울할 때는 I'm depressed.
(우울해요)라고 하며, 상대가 슬퍼하거나 우울해 할 때는 Forget it!(잊어버려
요!) / Cheer up.(기운 내세요!) 등으로 위로합니다.

우울해요.

I'm depressed.

아임 디프레스트

외로워요.

I'm lonely.

아임 로운리

비참해요.

I feel miserable.

아이 필 미저러블

기분이 별로예요(좋지않아요).

I feel bad.

아이 필 뱃

울고 싶은 심정이에요.

I feel like crying.

아이 필 라익 크라잉

앞날이 캄캄해요.

I have no hope for my future.

아이 햅 노 홉 풔 마이 퓨춰

---

 14 대화 다시듣기

A: 난 새드 앤딩은 싫어요.　　　　□ □ □
B: 나도 그래요.

48

Unit 15 놀랍거나 무서울 때

>> 녹음을 듣고 소리내어 읽어보세요?

Mini Talk

A: **Let's go into the water.**

렛츠 고 인투 더 워러

물속으로 들어가자.

B: **I can't. I'm afraid of water.**

아이 캔ㅌ. 아임 어프레이드 옵 워러

난 못해. 난 물이 무서워.

Check Point!

무서울 때는 be afraid of ~ 패턴을 주로 사용해요. I'm afraid of heights.(난 높은 곳이 무서워) I'm afraid 뒤에 to 부정사를 붙여서 구체적으로 뭐가 무서운지 설명해요. I'm afraid to jog alone in the evening.(저녁에 혼자 조깅하는 게 두려워) 놀랐을 때는 be shocked를 써서 I was shocked when I got your call.(네 전화 받고 정말 놀랐어) 등으로 표현해요.

정말 놀랍군요!
How surprising!
하우 써프라이징

훌륭하네요!
That's great!
댓츠 그레잇

정말이야(진심이야)?
Are you serious?
알 유 시리어스

믿을 수 없어!
That's incredible!
댓츠 인크레더블

정말 놀랍지않아요?
That's amazing, isn't it?
댓츠 어메이징, 이즈닛

난 새로운 변화가 두려워요.
I'm afraid of new changes.
아임 어프레이드 옵 뉴 체인지즈

> ▶ **15 대화 다시듣기**
>
> A: 물속으로 들어가자. □ □ □
> B: 난 못해. 난 물이 무서워.

50

Unit 16 걱정하거나 위로할 때

>> 녹음을 듣고 소리내어 읽어보세요?

Mini Talk

A: What's wrong with you? You look so down today.

왓츠 렁 윗 유? 유 룩 쏘 다운 투데이

왜 그래? 오늘 너무 우울해 보이네.

B: I failed the English exam again.

아이 페일드 더 잉글리쉬 이그잼 어게인

영어시험을 또 낙제했거든요.

Check Point!

위로하는 방법에는 여러 가지가 있어요. 상대방이 I'm so sad.(슬퍼요)라고 말하면 I know things will work out.(반드시 잘 될 거예요)이라고 격려하고, 친한 사이라면 I want to be of help.(너에게 도움이 되고 싶어)라고 말할 수 있죠. That's too much.(큰일이군요) / That's terrible.(심하네요) / What a pity!(유감이군요) 등의 공감 표현도 다양하게 알아두세요.

우울해 보이네요.

You look down.

유 룩 다운

무슨 일이세요?

What's wrong?

왓츠 렁

뭐가 잘못됐나요?

Is anything wrong?

이즈 애니띵 렁

걱정하지 마세요.

Don't worry.

돈ㅌ 워리

걱정할 것 없어요.

You have nothing to worry about.

유 햅 낫씽 투 워리 어바웃

너무 심각하게 받아들이지 마세요.

Don't take it seriously.

돈ㅌ 테잇킷 시리어슬리

---

 16 대화 다시듣기

A: 왜 그래? 오늘 너무 우울해 보이네. ☐ ☐ ☐

B: 영어시험을 또 낙제했거든요.

52

감탄하거나 칭찬할 때

>> 녹음을 듣고 소리내어 읽어보세요?

학습일   /   □

Mini Talk

A: **It looks very good on you.**

잇 룩스 베리 굿 온 유

참 잘 어울리는군요.

B: **Thanks for your compliment.**

땡스 풔 유얼 컴플리먼ㅌ

칭찬해 주시니 감사합니다.

Check Point!

칭찬을 싫어하는 사람은 아무도 없죠. 상대방의 좋은 점을 찾아내서 칭찬하는 습관을 들이면 모든 사람에게 환영받는 사람이 될 수 있어요. 다만 칭찬이 지나쳐서 아부가 되지는 않도록 조심해야겠쥬? 칭찬할 때는 구체적으로 풍부하게 하는 것이 좋아요. 건성으로 하는 칭찬은 하나마나니까요. 혹시 칭찬을 받았다면 you flatter me.(과찬이세요)라고 대답해요.

대단하군요!
Great!
그레잇

___

잘 하시는군요.
You're doing well!
유아 두잉 웰

___

정말 훌륭하군요!
How marvelous!
하우 말버러스

___

패션 감각이 뛰어나시군요.
You have an eye for fashion.
유 해번 아이 풔 패션

___

시험을 참 잘 봤네.
You did a good job on your exams.
유 디더 굿 잡 온 유얼 이그잼스

___

과찬의 말씀입니다.
I'm so flattered.
아임 쏘 플래터드

___

17 대화 다시듣기

A: 참 잘 어울리는군요.
B: 칭찬해 주시니 감사합니다.

☐ ☐ ☐

54

Unit 18 사람을 부를 때

>> 녹음을 듣고 소리내어 읽어보세요?

Mini Talk

A: Excuse me, ma'am. I think you dropped this.

익스큐즈 미, 맴. 아이 씽큐 드랍트 디스

저기요, 아주머니. 이거 떨어뜨리신 것 같아요.

B: Oh, thanks a lot.

오, 땡스 어 랏

어머, 고마워요.

Check Point!

미국인은 친구, 동료는 물론, 손윗사람이나 직장 상사를 부를 때도 이름을 부르는 것이 일반화되어 있고, 또 이름을 불러주는 것을 좋아합니다. 우리 문화에서는 정말 어색한 일이지만 로마에 가면 로마법을 따라야 하는 법이죠. 말을 걸거나 부를 때는 Hello! / Hi! / Hey! / Excuse me. 등을 흔히 쓰는데 Hey!는 반말처럼 들릴 수도 있으니 조심하세요!

여보세요.
Hello. / Hi.
헬로우 / 하이

이봐, 자네!
Hey, you!
헤이, 유

저기요.
Waiter! / Waitress!
웨이러 / 웨잇트리스

저(잠깐만요).
Listen. / Look here.
리슨 / 룩 히어

저, 여보세요?
Excuse me, sir?
익스큐즈 미, 써ㄹ

저, 여보세요?
Excuse me, ma'am?
익스큐즈미, 맴

 18 대화 다시듣기

A: 저기요, 아주머니. 이거 떨어뜨리신 것 같아요. ☐ ☐ ☐
B: 어머, 고마워요.

Unit 19 맞장구칠 때

>> 녹음을 듣고 소리내어 읽어보세요?

Mini Talk

A: **I'm proud of my job.**

아임 프라웃 옵 마이 잡

난 내 직업에 자부심이 있어요.

B: **Are you?**

알 유

그래요?

Check Point!

대화할 때 상대방의 말에 호흡을 맞추면서 적절하게 맞장구치는 습관을 들이면 아주 인기 있는 사람이 될 수 있어요. 누구나 자기 말을 적극적으로 잘 들어주는 사람을 좋아하니까요. 상대의 말에 긍정적으로 맞장구칠 때는 That's right.(맞아) / Sure.(물론이지), 부정할 때는 I don't think so.(난 그렇게 생각하지 않아) / It's not true.(그렇지 않아) 등으로 표현합니다.

그래요?
Is that so?
이즈 댓 쏘

맞아요.
Right.
롸잇

알겠어요.
I see.
아이 씨

그거 좋군요.
That's good.
댓츠 굿

아니오, 그렇게 생각지 않아요.
No, I don't think so.
노, 아이 돈ㅌ 씽 쏘

참 안됐네요.
That's too bad.
댓츠 투 뱃

19 대화 다시듣기

A: 난 내 직업에 자부심이 있어요.   □ □ □
B: 그래요?

58

학습일 / □

Mini Talk

A: **I'm going to New York next week.**

아임 고잉 투 뉴욕 넥슷 윅

다음 주에 뉴욕에 갈 거야.

B: **Going where?**

고잉 히얼

어디에 간다고?

Check Point!

외국어로 대화를 나누는 것은 절대로 쉬운 일이 아니죠. 그러니 영어를 제대로 이해하기 위해서라도 상대의 말이 빠르거나 알아들을 수 없는 말이 나오면 그냥 넘어가지 말고 확실하게 되묻는 습관을 길러야 해요. 당장은 창피할지 몰라도 그래야 영어가 늘거든요. 이때 주로 사용하는 표현이 Beg your pardon?이에요. 줄여서 간단하게 Pardon?이라고도 합니다.

뭐라고요?

Excuse me?

익스큐즈 미

뭐라고?

What?

왓

다시 말씀해 주시겠어요?

Beg your pardon?

백 유얼 파든

다시 한 번 말씀해 주십시오.

Please say that again.

플리즈 쎄이 댓 어게인

뭐라고 했지?

You said what?

유 쎄드 왓

방금 뭐라고 말씀하셨죠?

What did you say just now?

왓 디쥬 쎄이 저슷 나우

▶ 20 대화 다시듣기

A: 다음 주에 뉴욕에 갈 거야.

B: 어디에 간다고?

60

Unit 21 질문할 때

>> 녹음을 듣고 소리내어 읽어보세요?

Mini Talk

A: May I ask you a question?
메아이 애스큐 어 퀘스천

질문 하나 해도 될까요?

B: Sure.
슈얼

물론이죠.

Check Point!

친구 사이에서는 다짜고짜 질문을 던져도 상관없겠지만 일반적인 상황에서는 질문해도 되는지 먼저 물어봐야 해요. 교실에서 질문할 때 손을 드는 것처럼요. I have a question (for you.)(물어볼 게 있어요) / May I ask a question?(질문해도 될까요?)라고 먼저 묻고 나서 상대방이 그러라고 하면 그때 본격적으로 질문하는 것이 질문할 때의 예절입니다.

Basic Expression

질문 있습니다.

I have a question.

아이 해버 퀘스천

질문 하나 해도 될까요?

May I ask you a question?

메아이 애스큐 어 퀘스천

누구한테 물어봐야 되죠?

Who should I ask?

후 슈다이 애슥

질문 있습니까?

Do you have any question?

두 유 햅 애니 퀘스천

다른 질문 있으세요?

Are there any other questions?

아 데얼 애니 아덜 퀘스천즈

이것을 영어로 뭐라고 하죠?

What's this called in English?

왓츠 디스 콜드 인 잉글리쉬

▶ 21 대화 다시듣기

A: 질문 하나 해도 될까요?　　□ □ □
B: 물론이죠.

62

부탁할 때

>> 녹음을 듣고 소리내어 읽어보세요?

Mini Talk

A: May I ask you a favor?

메아이 애스큐 어 페이버

부탁 하나 해도 될까요?

B: Sure. What is it?

슈어. 와리즈 잇

물론이죠. 뭔데요?

Check Point!

뭔가를 부탁하거나 도움을 요청할 때 'Please + 명령문' 패턴을 사용하면 간단하고 무난한 부탁의 표현이 됩니다. 특별히 공손하고 정중하게 부탁해야할 상황이라면 우리말의 존댓말과 같은 효과를 갖는 Could you ~? / Would you ~? (~해주시겠어요?) 패턴을 사용하세요. 친구 사이에서는 가볍게 Will you ~?(~해줄래?)라고 하면 됩니다.

부탁 하나 해도 될까요?
May I ask you a favor?
메아이 애스큐 어 페이버

제 부탁 좀 들어주시겠어요?
Would you do me a favor?
우쥬 두 미 어 페이버

부탁이 있어요.
I need a favor.
아이 닛 어 페이버

조용히 좀 해주시겠어요?
Would you please be quiet?
우쥬 플리즈 비 콰이엇

당신과 얘기 좀 해도 될까요?
May I have a word with you?
메아이 해버 워드 위듀

문 좀 열어주시겠어요?
Would you please open the door?
우쥬 플리즈 오픈 더 도어

---

 22 대화 다시듣기

A: 부탁 하나 해도 될까요? ☐ ☐ ☐
B: 물론이죠. 뭔데요?

64

Unit 23 제안하거나 권유할 때

>> 녹음을 듣고 소리내어 읽어보세요?

Mini Talk

A: **Let's eat out tonight, shall we?**

렛츠 잇 아웃 투나잇, 쉘 위

오늘밤 외식하러 갈까요?

B: **Oh, I'd love to.**

오, 아이드 럽 투

아, 좋지요.

Check Point!

상대방에게 뭔가를 제안하거나 권유하는 표현은 아주 다양해요. Let's + 동사원형~. 패턴은 '~합시다'라고 적극적인 동참을 권할 때 쓰고, Why don't you ~?나 How about ~? 패턴은 '~하는 게 어때요?'라고 상대방의 생각을 물어볼 때 씁니다. 권유를 받았을 때는 Thank you for asking me.(권해줘서 고마워요)라고 받아들이거나, I'm sorry.(안 되겠어요)라고 거절합니다.

커피 한 잔 드시겠어요?
Would you like a cup of coffee?
우쥬 라익 어 커뽑 커피

걸어갑시다.
Let's walk.
렛츠 웍

우리 그 문제는 곰곰이 생각해 보기로 해요.
I suggest we sleep on it.
아이 서제슷 위 슬립 온 잇

산책하러 가는 게 어때요?
How about going for a walk?
하우 어바웃 고잉 풔러 웍

저희와 합석하시겠어요?
Would you join us?
우쥬 조인 어스

그에게 얘기하지 그래요?
Why don't you tell him?
와이 돈츄 텔 힘

---

 23 대화 다시듣기

A: 오늘밤 외식하러 갈까요? ☐ ☐ ☐
B: 아, 좋지요.

66

Unit **24** 도움을 청하거나 양해를 구할 때

>> 녹음을 듣고 소리내어 읽어보세요?

Mini Talk

A: Can you help me move the desk?

캔 유 핼프 미 무브 더 데스

책상 옮기는 것 좀 도와줄래?

B: Yes, of course.

예스, 옵 코스

물론이지.

Check Point!

상대방의 호의나 도움이 필요할 때 가장 많이 쓰는 표현은 Do me a favour.
(나 좀 도와줘요)와 Can you do me a favour?(부탁 하나 들어주실래요?)입
니다. 간단하면서도 부탁의 정도나 상대를 가리지 않고 사용할 수 있는 표현
이라 도움이 필요할 땐 딱이죠. 동의를 구하거나 양해를 구할 때는 May I ~
?(~해도 될까요?) / Can I ~?(~할 수 있을까요?) 패턴을 많이 씁니다.

좀 도와주실래요?
Can you help me?
캔 유 핼프 미

좀 도와주시겠어요?
Could you give me a hand?
쿠쥬 깁 미 어 핸드

좀 지나가도 될까요?
May I get through?
메아이 겟 쓰루

휴대폰 좀 써도 될까요?
Could I use the cellphone?
쿠다이 유즈 더 셀포운

여기 앉아도 되겠습니까?
Do you mind if I sit here?
두 유 마인드 이파이 씻 히얼

물 좀 갖다 주시겠어요?
Could you bring me some water?
쿠쥬 브링 미 썸 워러

---

 24 대화 다시듣기

A: 책상 옮기는 것 좀 도와줄래? ☐ ☐ ☐
B: 물론이지.

68

Unit 25 의견을 묻고 답할 때

>> 녹음을 듣고 소리내어 읽어보세요?

Mini Talk

A: **Don't you think the coffee here is good?**

돈츄 씽 더 커피 히얼 이즈 굿

여기 커피 맛있는 것 같지 않니?

B: **Yeah, here is gonna be my favorite place.**

예, 히얼 이즈 가너 비 마이
페이버릿 플레이스

응, 이제 여기 자주 와야겠어.

Check Point!

'~에 대해서 어떻게 생각하세요?'라고 상대방의 의견을 물어볼 때 가장 많이
쓰는 패턴은 두 가지예요. What do you think~?는 '~에 대해서 이성적으로
어떻게 판단하느냐'는 뉘앙스를 가지고 있고, How do you feel ~?은 '~에 대
해서 감정적으로 어떻게 느끼느냐'는 뉘앙스를 가지고 있어요. 절대로 How
do you think about ~라고 말하지 않도록 주의하세요.

다른 의견은 없습니까?

Have you any idea?

해뷰 애니 아이디어

그녀에 대해 어떻게 생각하세요?

How do you think about her?

하우 두 유 씽커바웃 헐

내 프로젝트에 대해 어떻게 생각하세요?

What do you think of my project?

왓 두 유 씽콥 마이 프러젝

바로 그겁니다.

That's it!

댓츠 잇

당신 말에도 일리가 있어요.

You may have a point.

유 메이 해버 포인트

정말 좋은 생각이군요.

What a good idea!

와러 굿 아이디어

▶ 25 대화 다시듣기

A: 여기 커피 맛있는 것 같지 않니?

B: 응, 이제 여기 자주 와야겠어.

70

✹ 앞에서 배운 대화 내용입니다. 한글을 영어로 말해보세요. 잘 모르시겠다고요? 걱정마세요. 녹음이 있잖아요. 그리고 정답은 각 유닛에서 확인하세요.

01 A: 안녕하세요, **Tom.**
    B: **Good morning, Jane.**

02 A: **Hi, Tom.** 어떻게 지내세요?
    B: **Pretty good. And you?**

03 A: **Hi, I'm Jane.** 만나서 반가워요.
    B: **Hi, Jane, Pleasure to meet you. I'm Tom.**

04 A: **It's nice to see you again!** 오랜만이에요.
    B: **Same here, Jane. How have you been?**

05 A: 아니 이게 누구야! **How are you, Jane?**
    B: **Just fine, Tom. Good to see you again.**

06 A: 잘 있어, **Jane. Say hello to Tom.**
    B: **I will. Say hello to Dick, too.**

07 A: **Thank you for helping me.**
    B: 천만에요.

08 A: 늦어서 죄송해요.
    B: **That's all right.**

09 A: **I am happy. I just heard I passed my exam.**
    B: 축하해!

10 A: **I'm Jane White. I'm the new recruit here.**
    B: **Hi, Jane.** 입사를 환영합니다! **I'm Paul Brown.**

11 A: **Good-bye, Jane.** 행운을 빌어요!
    B: **Thanks. You, too!**

12 A: **Tom,** 전 지금 정말 기분이 좋아요.
    B: **What makes you so happy, Jane?**

13 A: 아직도 나한테 화났어요?
    B: **It's okay now, I understand.**

14 A: 난 새드 앤딩은 싫어요.
    B: **So do I.**

15 A: **Let's go into the water.**
    B: **I can't.** 난 물이 무서워.

16 A: **What's wrong with you?** 오늘 너무 우울해 보이네.
    B: **I failed the English exam again.**

17 A: 참 잘 어울리는군요.
    B: **Thanks for your compliment.**

18 A: 저기요, 아주머니. **I think you dropped this.**
    B: **Oh, thanks a lot.**

19 A: **I'm proud of my job.**
    B: 그래요?

20 A: **I'm going to New York next week.**
    B: 어디에 간다고?

21 A: 질문 하나 해도 될까요?
    B: **Sure.**

22 A: 부탁 하나 해도 될까요?
    B: **Sure. What is it?**

23 A: 오늘밤 외식하러 갈까요?
    B: **Oh, I'd love to.**

24 A: 책상 옮기는 것 좀 도와줄래?
    B: **Yes, of course.**

25 A: 여기 커피 맛있는 것 같지 않니?
    B: **Yeah, here is gonna be my favorite place.**

화제·취미·여가 ──→ 표현

Expression

시간에 대해 말할 때

>> 녹음을 듣고 소리내어 읽어보세요?

Mini Talk

A: **What time is it?**

왓 타임 이짓

몇 시죠?

B: **It's ten twenty-three.**

잇츠 텐 투웬티- 쓰리

10시 23분입니다.

Check Point!

시간, 요일, 연월일 등의 때에 관한 표현은 언제든 입에서 바로 나올 수 있도록 익혀두어야 해요. 시간을 물을 때는 What time is it now?(지금 몇 시죠?) 이라고 합니다. 일상적인 회화에서는 대개 It's eight twenty-five.(8시 25분 이야)라고 시간만 간단하게 말해요. 시간은 일반적으로 약식 표현을 많이 써요. 10:20 이런 식이죠. 오전은 a.m., 오후는 p.m.이에요.

지금 몇 시죠?
What time is it now?
왓 타임 이짓 나우

몇 시입니까?
Do you have the time?
두 유 햅 더 타임

몇 시쯤 됐을까요?
I wonder what time is it?
아이 원더 왓 타임 이즈 잇

시간 있으세요?
Have you got a minute?
해뷰 가러 미닛

시간이 없어요.
I'm in a hurry.
아임 인 어 허리

시계가 정확한가요?
Is your watch correct?
이즈 유얼 왓치 커렉

 01 대화 다시듣기

A: 몇 시죠?
B: 10시 23분입니다.

Unit 02 날짜와 요일에 대해 말할 때

>> 녹음을 듣고 소리내어 읽어보세요?

Mini Talk

A: **What's the date today?**

왓츠 더 데잇 투데이

오늘이 며칠이죠?

B: **It's the third of March.**

잇츠 더 써드 옵 마치

3월 3일이에요.

Check Point!

날짜를 표시할 때 미국에서는 월, 일, 연도 순이고, 영국에서는 일, 월, 연도의 순으로 조금 달라요. 월을 표기할 때는 August를 Aug. 식으로 주로 생략형을 쓰고, 날짜를 말하는 문장의 주어는 시간의 경우처럼 주로 it를 사용해요. 날짜를 물을 때는 보통 What's today's date?(오늘 며칠이에요?) / 요일을 물을 때는 What day is it today?(오늘 무슨 요일이에요?)예요.

77

오늘이 며칠이죠?
What's the date today?
왓츠 더 데잇 투데이

오늘이 무슨 요일이죠?
What day is it today?
왓 데이 이짓 투데이

몇 월이죠?
What month is it?
왓 먼쓰 이짓

거기는 오늘 며칠이에요?
What's the date today over there?
왓츠 더 데잇 투데이 오우버 데얼

생일이 언제예요?
When's your birthday?
웬즈 유얼 벌쓰데이

시험이 언제부터죠?
When does the exam start?
웬 더즈 디 이그잼 스탓

▶ 02 대화 다시듣기

A: 오늘이 며칠이죠?   ☐ ☐ ☐
B: 3월 3일이에요.

Unit 03 날씨에 대해 말할 때

>> 녹음을 듣고 소리내어 읽어보세요?

Mini Talk

A: **It's a lovely day, isn't it?**

잇츠 어 러블리 데이, 이즈닛

날씨가 아주 근사하네요, 안 그래요?

B: **Yes, it is.**

예스, 이리즈

그렇군요.

Check Point!

날씨를 묻는 기본 질문은 How's the weather today?(오늘 날씨 어때요?)이고, 기본적인 대답 형태는 It's fine.(맑아요.)이에요. 날씨에 따라 fine 자리에 cool(시원하다), cold(춥다), freezing(얼어붙을 것 같다), warm(따뜻하다), hot(덥다), burning(무척 덥다), raining(비가 온다), snowing(눈이 내린다), cloudy(날이 흐리다) 등을 넣어서 응용하면 되는 거죠.

오늘 날씨 어때요?
How's the weather today?
하우즈 더 웨더 투데이

오늘은 날씨가 화창하군요.
It's a beautiful day today.
잇즈 어 뷰티플 데이 투데이

이제 비가 그쳤습니까?
Has the rain stopped yet?
해즈 더 레인 스탑트 옛

정말 너무 더워요.
It's terribly hot.
잇츠 테러블리 핫

정말 춥네, 안 그래요?
It's freezing cold, isn't it?
잇츠 프리징 콜드, 이즈닛

눈이 올 것 같아요.
It looks like snow.
잇 룩스 라익 스노우

---

 03 대화 다시듣기

A: 날씨가 아주 근사하네요, 안 그래요?   ☐ ☐ ☐
B: 그렇군요.

Unit 04 개인 신상에 대해 말할 때

>> 녹음을 듣고 소리내어 읽어보세요?

Mini Talk

A: **Where are you from?**

웨어라 유 프럼

어디서 오셨어요?

B: **I'm from Seoul.**

아임 프럼 서울

서울에서요.

Check Point!

처음 만난 사람과 이야기를 하다 보면 자연스럽게 고향, 국적, 나이, 생일, 종교 등 개인 신상에 관한 질문을 많이 하게 되죠. 하지만 상대방의 개인 신상에 관해서 너무 집요하게 묻다가는 Don't ask personal questions.(신상에 관한 질문은 그만하세요)라는 말을 듣게 될 수도 있어요. 우리와는 문화가 다르다는 것을 이해할 필요가 있답니다.

국적이 어디세요?

What's your nationality?

왓츠 유얼 내셔낼러티

어디서 오셨어요?

Where did you come from?

웨얼 디쥬 컴 프럼

어디서 자라셨어요?

Where did you grow up?

웨얼 디쥬 그로우 업

서울 토박이입니다.

I was born and bred in Seoul.

아이 워즈 본 앤 브레드 인 서울

나이가 어떻게 되세요?

How old are you?

하우 올드 아유

지금 어디 사세요?

Where do you live now?

웨얼 두 유 립 나우

---

 04 대화 다시듣기

A: 어디서 오셨어요? ☐ ☐ ☐
B: 서울에서요.

가족에 대해 말할 때

>> 녹음을 듣고 소리내어 읽어보세요?

Mini Talk

A: **Are you the eldest child in your family?**

알 유 더 엘디슷 촤일드 인 유얼 패밀리

장남이세요?

B: **No, I'm not. I'm the only child.**

노, 아임 낫. 아임 디 온리 촤일드

아니에요. 저는 외아들이에요.

Check Point!

가족 관계에 대한 기본적인 질문 몇 가지는 거의 정해져 있죠. How many people are there in your family?(가족이 몇이에요?) / Do you have any brothers and sisters?(형제자매가 있어요?) / How many children do you have?(아이들은 몇이에요?) / Does your wife work?(부인은 일하세요?) 참고로, 법적으로 맺어진 관계에는 –in -law를 사용해요.

Basic Expression

우리는 대가족입니다.
We have a large family.
위 해버 라쥐 패멀리

부모님과 함께 사세요?
Do you live with your parents?
두 유 립 윗 유얼 패어런스

아이들은 몇 명이나 됩니까?
How many children do you have?
하우 매니 췰드런 두 유 햅

3살짜리 아들이 하나 있어요.
I have a 3-year-old boy.
아이 해버 쓰리 위얼 올드 보이

가족이 몇 분이세요?
How many people are there in your family?
하우 매니 피플 알 데얼 인 유얼 패멀리

우린 네 식구예요.
There are four in my family.
데얼 알 풔 인 마이 패멀리

▶ **05 대화 다시듣기**

A: 장남이세요?

B: 아니에요. 저는 외아들이에요.

☐ ☐ ☐

84

Unit 06 학교에 대해 말할 때

>> 녹음을 듣고 소리내어 읽어보세요?

Mini Talk

A: **Where do you go to school?**

웨얼 두 유 고 투 스쿨

어느 학교에 다니세요?

B: **I go to NS University.**

아이 고 투 엔에스 유니버시티

NS 대학에 다닙니다.

Check Point!

개인 신상과 가족관계에 대해 묻고 나면 자연스럽게 학교 이야기로 이어지게 됩니다. 지금 어느 학교에 다니는지(Where do you go to school?) 또는 전에 어느 학교를 다녔는지(Where did you go to school?), 현재 몇 학년인지(What year are you in?), 전공이 무엇인지(What was your major at college?) 등의 기본적인 질문을 익혀두면 아주 유용할 거예요.

학교는 어디서 다니셨어요?
Where did you go to school?
웨어 디쥬 고 투 스쿨

어느 학교에 다니세요?
Where do you go to school?
웨얼 두 유 고 투 스쿨

몇 학년이세요?
What year are you in?
왓 위얼 알 유 인

우리는 같은 학교 나온 동문입니다.
We went to the same school.
위 웬투 더 쎄임 스쿨

대학교 때 전공이 무엇이었어요?
What was your major at college?
왓 워즈 유얼 메이저 앳 칼리쥐

어떤 학위를 가지고 계십니까?
What degree do you have?
왓 디그리 두 유 햅

▶ 06 대화 다시듣기

A: 어느 학교에 다니세요? □ □ □
B: NS 대학에 다닙니다.

학교생활에 대해 말할 때

학습일 / ☐

>> 녹음을 듣고 소리내어 읽어보세요?

Mini Talk

A: Why weren't you in class?

와이 원트 유 인 클래스

왜 수업에 오지 않았니?

B: Because I had a stomachache.

비커즈 아이 해더 스텀에익

배탈이 나서요.

Check Point!

학교생활에 대한 화제는 정말 무궁무진하죠. 그럴수록 가장 흔히 쓰는 기본 표현부터 차근차근 하나씩 배워야 해요. 툭하면 지각하는 사람들은 I'm late for class again.(또 지각이야), 수업이 취소되었을 땐 The class is canceled. (그 수업 취소됐어), 시험 끝나고 나면 꼭 이렇게 말하는 친구가 있죠. I messed up on my test.(시험 망쳤어)

학교생활은 재미있나요?

Do you have fun in school?

두 유 햅 펀 인 스쿨

나 또 지각이야.

I'm late for class again.

아임 레잇 풔 클래스 어게인

시험을 망쳤어요.

I messed up on my test.

아이 메스텁 온 마이 테슷

오늘은 수업이 없어요.

There is no class today.

데얼 이즈 노 클래스 투데이

아르바이트 자리가 있나요?

Do you have a part time job?

두 유 해버 팟 타임 잡

게시판에 뭐라고 쓰여 있는 거예요?

What does the board say?

왓 더즈 더 보드 쎄이

---

 07 대화 다시듣기

A: 왜 수업에 오지 않았니?
B: 배탈이 나서요.

88

Unit 08 직장에 대해 말할 때

>> 녹음을 듣고 소리내어 읽어보세요?

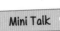
Mini Talk

A: **What kind of company are you with?**

왓 카인돕 컴퍼니 알 유 윗

어떤 회사에서 일하세요?

B: **A trading company.**

어 트레이딩 컴퍼니

무역회사요.

Check Point!

대부분의 사람들은 인생의 절반을 직장에서 생활한다고 해도 지나친 말은 아닙니다. 직업에 대해 물을 때는 What's your occupation?(직업이 무엇입니까?), 직장을 물을 때는 Where do you work?(어디서 근무하세요라고 합니다. 구체적으로 출퇴근에 대해 물을 때는 How do you get to work?(어떻게 출근하세요?), 근무에 대해 물을 때는 What are the regular work hours?(근무 시간이 어떻게 됩니까?)라고 말합니다.

어느 회사에 근무하세요?

What company are you with?

왓 컴퍼니 알 유 윗

어느 부서에서 근무하세요?

Which department do you work in?

윗치 디파트먼ㅌ 두 유 워킨

직책이 무엇입니까?

What's your job title?

왓츠 유얼 잡 타이를

어떤 일을 맡고 계세요?

What are you in charge of?

워라유 인 차지 옵

여기에서 얼마나 근무하셨어요?

How long have you worked here?

하우 롱 해뷰 웍트 히얼

직장까지 얼마나 걸리죠?

How long does it take you to get to work?

하우 롱 더즈 잇 테익 유 투 겟 투 웍

▶ 08 대화 다시듣기

A: 어떤 회사에서 일하세요?
B: 무역회사요.

□ □ □

90

직장생활에 대해 말할 때

>> 녹음을 듣고 소리내어 읽어보세요?

Mini Talk

A: **Are you happy with your present job?**

알 유 해피 윗 유얼 프레즌트 잡

지금 직장에 만족하세요?

B: **Yes, but I'm not always happy.**

예스, 벗 아임 낫 올웨이즈 해피

네, 하지만 늘 그런 건 아니에요.

Check Point!

How has work been?(회사 어때?)라고 물어보면 대개는 I do the daily grind.(단조로운 직장생활이야)라고 대답하죠. 직장생활처럼 단조로운 일과를 daily grind라고 하거든요. 회사 친구는 work friends, 일 때문에 받는 스트레스는 work stress예요. What time do you start work?(언제 출근해?) / What time do you get off work?(언제 퇴근해?)도 필수표현이에요.

언제 입사하셨어요?

When did you join the company?

웬 디쥬 조인 더 컴퍼니

근무 시간이 어떻게 됩니까?

What are your office hours?

워라 유얼 어피스 아워즈

몇 시에 퇴근하세요?

When do you get off?

웬 두 유 게롭

내일은 쉬어요.

I'll be off tomorrow.

아일 비 옵 터마로우

당신 회사에서는 점심시간이 몇 시죠?

What time is lunch at your company?

왓 타임 이즈 런치 앳 유얼 컴퍼니

저는 오늘밤 야근이에요.

I'm on duty tonight.

아임 온 듀리 투나잇

---

 09 대화 다시듣기

A: 지금 직장에 만족하세요?

B: 네, 하지만 늘 그런 건 아니에요.

Unit 10 거주지에 대해 말할 때

>> 녹음을 듣고 소리내어 읽어보세요?

Mini Talk

A: **Where do you live?**

웨얼 두 유 립

어디 사세요?

B: **I live in the suburbs of Seoul.**

아이 립 인 더 써법스 옵 서울

서울 근교에서 살아요.

Check Point!

어디 사는지, 주변에 뭐가 있는지 묻는 가장 기본적인 표현은 Where do you live?(어디에 사세요?)예요. Are you on your own?(혼자 사세요?) / Do you live in a house or an apartment?(단독 주택에서 사세요, 아파트에서 사세요?) 등으로 묻고 I live in Mapo.(마포에 살아요) / I live under my parent's roof.(부모님 집에서 살아요) 등으로 대답해요.

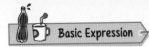
어디 사세요?
Where do you live?
웨얼 두 유 립

그곳에서 얼마나 사셨어요?
How long have you lived there?
하우 롱 해뷰 립드 데얼

주소가 어떻게 됩니까?
What's your address?
왓츠 유얼 어드레스

직장까지 시간이 얼마나 걸려요?
How long does it take you to get to work?
하우 롱 더즈 잇 테익 유 투 겟 투 웍

전 아주 작은 도시에 살아요.
I live in a very small town.
아이 립 인 어 베리 스몰 타운

저는 고층 아파트에서 살아요.
I live in a high-rise apartment house.
아이 립 인 어 하이-라이즈 어파트먼트 하우스

 10 대화 다시듣기

A: 어디 사세요?
B: 서울 근교에서 살아요.

94

연애에 대해 말할 때

>> 녹음을 듣고 소리내어 읽어보세요?

Mini Talk

A: **Are you seeing anyone?**

알 유 씨잉 애니원

사귀는 사람 있어요?

B: **Not at the moment, unfortunately.**

낫 앳 더 모먼ㅌ, 언풔처너틀리

불행히도 지금은 없어요.

Check Point!

관심이 가는 상대에게 애인이 있는지 궁금할 때는 Do you have a girl[boy] friend?(여자[남자] 친구 있으세요?) / Are you seeing somebody?(사귀는 사람이 있으세요?)라고 물어보세요. 없다고 하면 What type of girl do you like?(어떤 타입 좋아해요?) / Would you introduce me to somebody?(누구 좀 소개시켜 줄래요?)라고 슬쩍 들이대보는 센스!

사귀는 사람 있니?

Are you seeing anyone?

알 유 씨잉 애니원

우린 좋은 친구 사이야.

We're good friends.

위아 굿 프렌즈

그녀는 그냥 친구야.

She's just a friend.

쉬즈 저슷 어 프렌드

어떤 사람이 이상형이에요?

What's your type?

왓츠 유얼 타입

나랑 데이트할래?

Would you like to go out with me?

우쥬 라익 투 고 아웃 윗 미

그들은 연애 중이죠?

Are they an item?

알 데이 언 아이템

---

 11 대화 다시듣기

A: 사귀는 사람 있어요?

B: 불행히도 지금은 없어요.

96

Unit 12 결혼에 대해 말할 때

>> 녹음을 듣고 소리내어 읽어보세요?

Mini Talk

A: **Are you married?**

알 유 메리드

결혼하셨어요?

B: **No, I'm not.**

노, 아임 낫

안 했습니다.

Check Point!

'결혼'하면 떠오르는 말은 단연 Will you marry me?(나랑 결혼해 줄래요?)!
marry는 단어 자체가 '~와 결혼하다'라는 뜻이기 때문에 to를 붙일 필요가
없어요. 하지만 be[get] married to(~와 결혼하다)처럼 married라는 형태
로 쓸 때는 to를 붙여주세요. be married는 결혼해 있는 상태를 말하고, get
married는 결혼식, 결혼하는 동작 자체를 말한다는 것도 알아두세요.

97

나랑 결혼해 줄래?

Will you marry me?

윌 유 메리 미

난 연애결혼하고 싶어요.

I'd like to marry for love.

아이드 라익 투 메리 풔 럽

그는 중매 결혼했어요.

He got married by arrangement.

히 갓 메리드 바이 어랜지먼트

기혼이세요, 미혼이세요?

Are you married or single?

알 유 메리드 오어 싱글

언제 결혼하셨어요?

When did you get married?

웬 디쥬 겟 메리드

난 이혼했어요.

I'm divorced.

아임 디보스트

---

 12 대화 다시듣기

A: 결혼하셨어요? ☐ ☐ ☐
B: 안 했습니다.

Unit
13 취미와 여가에 대해 말할 때

>> 녹음을 듣고 소리내어 읽어보세요?

Mini Talk

A: Do you like romantic movies?

두 유 라익 로멘틱 무비스

로맨틱 영화 좋아하세요?

B: I love it!

아이 럽 잇

완전 좋아해요!

Check Point!

취미가 무엇인지 물을 때는 What is your hobby?(취미가 뭐예요?), 어떤 일에 흥미가 있는지 물을 때는 What are you interested in?(무엇에 흥미가 있어요?), 취미를 시작하게 된 계기를 물을 때는 What made you start your hobby?(어떻게 그 취미를 시작했어요?)라고 해요. 취미가 없다면 I have no hobbies in particular.(특별한 취미는 없어요)라고 대답하죠.

Basic Expression

취미가 뭐예요?
What are your hobbies?
워라 유얼 하비스

취미로 무얼 하세요?
What do you do for fun?
왓 두 유 두 풔 펀

난 온라인 채팅에 푹 빠져있어요.
I'm so into online chatting.
아임 쏘 인투 온라인 채팅

난 인터넷 검색하는 거 좋아해요.
I like surfing the internet.
아이 라익 서핑 디 인터넷

난 낚시에 관심 있어요.
I'm interested in fishing.
아임 인터레스팃 인 피싱

전 물건들을 고치는 걸 즐겨요.
I enjoy fixing things.
아이 인죠이 픽싱 씽즈

▶ **13 대화 다시듣기**

A: 로맨틱 영화 좋아하세요? ☐ ☐ ☐
B: 완전 좋아해요!

Unit 14 오락에 대해 말할 때

>> 녹음을 듣고 소리내어 읽어보세요?

Mini Talk

A: **What kind of game would you like to play?**

왓 카인돕 게임 우쥬 라익 투 플레이

무슨 게임을 하고 싶어요?

B: **Well, how about playing a video game?**

웰, 하우 어바웃 플레잉 어 비디오 게임

저, 비디오 게임 한 번
하는 게 어떻겠습니까?

Check Point!

요즘은 친구들과 함께 즐길 수 있는 오락이나 게임 종류가 정말 많아요. 실내 게임, 야외 게임 할 것 없이 취향이 비슷한 친구들끼리 모이면 시간가는 줄 모르죠. Let's play a game.(게임하자) / Do you like this game?(이 게임 좋아해?) / I'll tell you how to play.(게임방법을 설명해줄게) / Let me demonstrate.(내가 시범을 보여줄게) 등의 표현이 있어요.

Basic Expression

나는 실내 게임은 못 합니다.
I'm not one for indoor games.
아임 낫 원 풔 인도어 게임스

포커를 가르쳐 주시겠습니까?
Could you tell me how to play poker?
쿠쥬 텔 미 하우 투 플레이 포커

좀 쉬운 게임 있어요?
Is there any easy games?
이즈 데얼 애니 이지 게임스

핀볼게임 해 보셨어요?
Have you tried the pin-ball game?
해뷰 트라잇 더 핀-볼 게임

칩을 현금으로 바꿔 주세요.
Cash my chips, please.
캐쉬 마이 칩스, 플리즈

멋진 오락거리를 찾으세요?
Do you want some great entertainments?
두 유 원ㅌ 썸 그레잇 엔터테인먼스

▶ 14 대화 다시듣기

A: 무슨 게임을 하고 싶어요?   ☐ ☐ ☐
B: 저, 비디오 게임 한 번 하는 게 어떻겠습니까?

102

Unit 15 책과 신문에 대해 말할 때

>> 녹음을 듣고 소리내어 읽어보세요?

Mini Talk

A: Who's your favorite author?
후즈 유얼 페이버릿 어덜

좋아하는 작가는 누구예요?

B: I love Herman Hesse.
아이 럽 헤르먼 헤세

헤르만 헤세를 무지 좋아해요.

Check Point!

책과 신문에 관한 이야기가 대화 주제로 오르는 일은 생각보다 꽤 흔해요. 일반적으로 많이 알려진 책 제목이나 독서에 관한 영어 표현들을 익혀둘 필요가 있는 거죠. 소설은 novel, story, fiction이라고 해요. extensive reading(광범위한 독서, 다독), intensive reading(집중적인 독서), page-turner(술술 넘어가는 책), head-scratcher(어려운 책) 등도 알아두세요.

책 많이 읽으세요?
Do you read many books?
두 유 릿 매니 북스

책 읽을 시간이 없어요.
I have no time to read.
아이 햅 노 타임 투 릿

어떤 책을 좋아하세요?
What books do you like?
왓 북스 두 유 라익

이 책 읽어보셨어요?
Have read this book?
햅 렛 디스 북

나는 역사소설을 좋아해요.
I like historical novels.
아이 라익 히스토리컬 너블즈

오늘 신문 보셨어요?
Have you seen today's paper?
해뷰 씬 투데이즈 페이퍼

15 대화 다시듣기

A: 좋아하는 작가는 누구예요?
B: 헤르만 헤세를 무지 좋아해요.

104

Unit 16

음악과 그림에 대해 말할 때

>> 녹음을 듣고 소리내어 읽어보세요?

Mini Talk

A: **What kind of music do you like?**

왓 카인돕 뮤직 두 유 라익

무슨 음악을 좋아하세요?

B: **I love pop music.**

아이 럽 팝 뮤직

팝을 좋아합니다.

Check Point!

음악은 만국 공통어라고 하죠. 음악 얘기를 할 때 절대 빠질 수 없다면 음악 관련 영어표현을 미리 알아둬야 해요. a catchy tune은 듣다 보면 저절로 따라 부르게 되는 쉬운 멜로디, to have a great voice는 엄청 노래를 잘 부른다, a huge following은 팬이 아주 많다, a massive hits는 높은 판매량을 기록한 히트 앨범, taste in music은 음악적 취향을 뜻해요.

음악 좋아하세요?
Do you like music?
두 유 라익 뮤직

좋아하는 가수가 누구예요?
Who is your favorite singer?
후 이즈 유얼 페이버릿 씽어

저는 노래는 못해요.
I'm poor at singing.
아임 푸어 앳 씽잉

전 음치예요.
I am tone-deaf.
아이 엠 톤-뎁

저는 그림 그리기를 좋아합니다.
I like painting.
아이 라익 페인팅

이 그림에 대해 어떻게 생각하세요?
What do you think of this painting?
왓 두 유 씽콥 디스 페인팅

 16 대화 다시듣기

A: 무슨 음악을 좋아하세요?
B: 팝을 좋아합니다.

학습일 / □

>> 녹음을 듣고 소리내어 읽어보세요?

Mini Talk

A: **How often do you watch TV?**

하우 오픈 두 유 워치 티비

텔레비전을 얼마나 자주 보세요?

B: **I watch TV for two or three hours a day.**

아이 워치 티비 풔 투 오어 쓰리 아워즈 어 데이

하루에 두 세 시간씩 봐요.

Check Point!

취미 중에 빠질 수 없는 게 TV시청이죠. 전날 드라마를 놓쳤다간 친구들 얘기에 끼지도 못하잖아요. 물론 뉴스, 스포츠, 음악, 예능 등 챙겨 볼 것도 정말 많아요. TV 볼 때 필요한 표현들두 몇 가지 알아둬야 해요. What's on TV?(TV에서 뭐해?) / Where is the remote (control)?(리모콘 어디 있지?) / Change the channel.(돌려 봐)

지금 텔레비전에서 뭐해요?

What's on TV?

왓츠 온 티비

어떤 텔레비전 프로그램을 제일 좋아하세요?

Which program do you enjoy most?

위치 프로그램 두 유 인조이 모슷

전 퀴즈쇼를 좋아해요.

I like to watch quiz shows.

아이 라익 투 워치 퀴즈 쇼우즈

텔레비전 좀 켜 주시겠어요?

Could you turn on the television?

쿠쥬 턴 온 더 텔레비전

어떤 영화를 좋아하세요?

What kind of movies do you like?

왓 카인돕 무비즈 두 유 라익

얼마나 자주 영화 보러 가세요?

How often do you go to the movies?

하우 오픈 두 유 고 투 더 무비즈

 17 대화 다시듣기

A: 텔레비전을 얼마나 자주 보세요? □ □ □
B: 하루에 두 세 시간씩 봐요.

108

Unit 18 식성과 맛에 대해 말할 때

>> 녹음을 듣고 소리내어 읽어보세요?

Mini Talk

A: How does it taste?
하우 더즈 잇 테이슷

맛이 어때요?

B: It's really good.
잇츠 리얼리 굿

정말 맛있어요.

Check Point!

사람들과 빨리 친해지려면 밥을 같이 먹으라는 말이 있어요. 밥을 먹다 보면 음식 얘기를 하게 되고, 같이 먹고 있는 음식 맛에 대해서도 이러고저러고 말하게 되죠. I eat a balanced diet.(골고루 잘 먹어요) / I like lean foods.(담백한 음식을 좋아해요) / I like my coffee strong.(진한 커피를 좋아해요) 등 자신의 식성에 대해서 미리 표현을 준비해두는 게 좋아요.

정말 맛있어요.

It's really good.

잇츠 리얼리 굿

그건 건강에도 좋고 맛도 좋아요.

It's healthy and delicious.

잇츠 핼시 앤 딜리셔스

이건 맛이 별로 없어요.

This is flavorless.

디시즈 플레이버리스

배불러요.

I'm stuffed.

아임 스텁트

그녀는 식성이 까다로워요.

She is a picky eater.

쉬 이즈 어 픽키 이러

어떤 음식을 좋아하세요?

What kind of food do you like?

왓 카인돕 풋 두 유 라익

---

 18 대화 다시듣기

A: 맛이 어때요?

B: 정말 맛있어요.

□ □ □

Unit 19 건강에 대해 말할 때

>> 녹음을 듣고 소리내어 읽어보세요?

Mini Talk

A: How are you feeling today?

하우 알 유 필링 투데이

오늘은 기분이 어떠세요?

B: I'm not feeling well.

아임 낫 필링 웰

컨디션이 영 별로예요.

Check Point!

건강에 대한 관심이 높다 보니 사람들이 모인 자리에서는 건강에 대한 화제가 거의 빠지지 않습니다. 아플 때는 I'm not feeling well.(몸이 좋지 않아) / I feel sick.(몸이 아파) / I've got flu.(독감에 걸렸어) 등으로 표현하고, 아픈 사람에게는 How are you feeling?(기분이 어떠세요?)이라 묻고, I hope you feel better soon.(빨리 낫기를 바랄게)이라 격려해요.

컨디션은 어때요?

How do you feel?

하우 두 유 피-일

건강은 어떠세요?

How is your health?

하우 이즈 유얼 핼스

컨디션이 안 좋아요.

I'm not feeling well.

아임 낫 필링 웰

난 건강해요.

I'm healthy.

아임 핼씨

건강해 보이시네요.

You look healthy.

유 룩 핼씨

건강 조심하세요.

Take care of your health.

테익 케어롭 유얼 핼스

---

 19 대화 다시듣기

A: 오늘은 기분이 어떠세요?

B: 컨디션이 영 별로예요.

☐ ☐ ☐

112

Unit 20 운동이나 스포츠에 대해 말할 때

>> 녹음을 듣고 소리내어 읽어보세요?

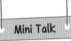

Mini Talk

A: What kind sports do you like?

왓 카인드 스포츠 두 유 라익

어떤 스포츠를 좋아하세요?

B: I like all kinds of sports.

아이 라익 올 카인즈 옵 스포츠

스포츠라면 뭐든지 좋아합니다.

Check Point!

일반적으로 운동이나 스포츠 경기에 대해 말할 때는 동사 play, do, go를 씁니다. play는 Badminton, Baseball, football, rugby처럼 공을 이용해서 팀을 이루어서 경쟁하는 운동이나 스포츠에 주로 사용하고, do는 에어로빅, 육상, 체소, 요가처럼 혼자 하는 스포츠나 운동에 사용하고, go는 주로 –ing 형태로 캠핑, 수영, 조깅처럼 어디 가서 하는 스포츠에 사용해요.

Basic Expression

운동하세요?
Do you work out?
두 유 워카웃

얼마나 자주 운동하세요?
How often do you exercise?
하우 오픈 두 유 엑서사이즈

건강을 위해 어떤 운동을 하세요?
What exercise do you do for your health?
왓 엑서사이즈 두 유 두 풔 유얼 핼스

운동하는 것을 좋아하세요?
Do you like playing sports?
두 유 라익 플레잉 스포츠

스포츠라면 뭐든지 좋아합니다.
I like all kinds of sports.
아이 라익 올 카인즈 옵 스포츠

그 경기 누가 이겼죠?
Who won the game?
후 원 더 게임

▶ 20 대화 다시듣기

A: 어떤 스포츠를 좋아하세요? ☐ ☐ ☐
B: 스포츠라면 뭐든지 좋아합니다.

Unit 21 외모에 대해 말할 때

>> 녹음을 듣고 소리내어 읽어보세요?

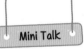
Mini Talk

A: **How do I look?**

하우 두 아이 룩

나 어때?

B: **You look beautiful in that dress.**

유 룩 뷰티플 인 댓 드레스

그 옷 입으니까 예뻐 보여.

Check Point!

외모를 화제로 삼을 때는 상대방의 기분을 상할 말은 절대로 하지 말아야 해요. 대신 말 한마디로 천냥 빚을 갚는다고 칭찬은 얼마든지 좋죠. 멋지고 아름다운 여성에게 You're very beautiful.(정말 아름다워요), 잘생긴 남성에게 You're very handsome.(정말 미남이세요), 옷 잘 입는 사람에게 I like your style.(옷 스타일이 마음에 들어요.)이라고 칭찬해주자고요.

그 사람은 어떻게 생겼어요?
What's he like?
왓츠 히 라익

키가 얼마나 돼요?
How tall are you?
하우 톨 알 유

몸무게가 얼마나 나가요?
How much do you weigh?
하우 머취 두 유 웨잇

그는 뚱뚱해요.
He is fat.
히 이즈 팻

그녀는 키가 작고 말랐어요.
She is petite and slim.
쉬 이즈 퍼팃 앤 슬림

오늘 피곤해 보이네요.
You look tired today.
유 룩 타이엇 투데이

▶ **21 대화 다시듣기**

A: 나 어때? ☐ ☐ ☐
B: 그 옷 입으니까 예뻐 보여.

116

Unit 22 옷차림에 대해 말할 때

>> 녹음을 듣고 소리내어 읽어보세요?

A: **How do I look in this suit?**

하우 두 아이 룩 인 디스 숫

이 양복 입으니 나 어때요?

B: **It looks good on you.**

잇 룩스 굿 온 유

잘 어울려요.

새 옷을 입으면 자랑하고 싶잖아요. 계절이 바뀌어서 옷차림이 확 달라지
거나 면접 등의 이유로 안 입던 정장을 입었을 때도 내 모습이 어떻게 보이
는지 물어보고 싶죠. 외모에 각별히 신경 쓰는 사람들을 특별히 그루밍족
(grooming)이라고 하고, 옷 잘 입는 멋쟁이 남자에게는 dandy하다는 표현
을, 옷 잘 입는 사람들에게는 fashion plate라는 표현을 써요.

당신 참 멋지네요.

You are in style.

유 알 인 스타일

이건 너무 딱 맞아요.

This is too tight.

디시즈 투 타잇

당신에게 참 잘 어울려요.

It looks good on you.

잇 룩스 굿 온 유

패션 감각이 뛰어나시네요.

You have great taste in clothes.

유 햅 그레잇 테이슷 인 클로드즈

입고 있는 옷이 맘에 드네요.

I like the dress that you have on.

아이 라익 더 드레스 댓 유 햅 온

그녀는 옷을 크게 입는 편이에요.

She wears loose-fitting clothes.

쉬 웨어즈 루즈-핏팅 클로드즈

---

 22 대화 다시듣기

A: 이 양복 입으니 나 어때요?

B: 잘 어울려요.

☐ ☐ ☐

Unit 23 성격에 대해 말할 때

>> 녹음을 듣고 소리내어 읽어보세요?

A: Do you make friends easily?

두 유 메익 프렌즈 이절리

친구를 쉽게 사귀는 편이세요?

B: No, I don't. I'm shy.

노, 아이 돈ㅌ. 아임 샤이

아뇨, 내성적이라서요.

Check Point!

사람의 성격은 크게 내성적인 성격과 외향적인 성격으로 나뉘죠. 그래서 흔히 상대의 성격에 대해서 물을 때는 Are you extrovert or introvert?(성격이 외향적이에요, 내성적이에요?)라고 묻고, 스스로 내성적이리고 생각할 때는 I think I'm introvert.(내성적이에요)라고 하고, 외향적일 때는 I think I'm extrovert.(외향적이에요)라고 대답하면 됩니다.

119

나는 낙천적이에요.
I'm optimistic.
아임 옵티미스틱

그는 명랑해요.
He's cheerful.
히즈 취어플

그녀는 정직해요.
She's honest.
쉬즈 어니스트

그는 내성적이에요.
He's introverted.
히즈 인트러버팃

난 당신이 매우 유쾌하다고 생각해요.
I think you are very funny.
아이 씽 유 알 베리 퍼니

난 현실주의자에 가까워요.
I'm more of a realist.
아임 모어롭 어 리얼리슷

---

 23 대화 다시듣기

A: 친구를 쉽게 사귀는 편이세요? □ □ □
B: 아뇨, 내성적이라서요.

Unit 24 종교에 대해 말할 때

>> 녹음을 듣고 소리내어 읽어보세요?

Mini Talk

A: **Are you religious?**

알 유 릴리저스

종교를 가지고 있습니까?

B: **No, I'm an atheist.**

노, 아임 언 에이씨이슷

아니요, 저는 무신론자예요.

Check Point!

종교 이야기를 할 때는 전적으로 상대방의 종교를 존중해야 해요. 다른 종교를 비난하거나 공격하는 것은 절대 금물! Are you religious?(종교 있어요?) / What religion are you?(무슨 종교를 믿어요?)라고 물어요. 종교의 종류는 Atheist(무신론자), Christian(기독교), Muslim(이슬람교), Buddhist(불교), Sikh(시크교), Hindu(힌두교), Catholic(천주교) 등 다양해요.

무슨 종교를 믿습니까?

What is your religion?

와리즈 유얼 릴리전

신을 믿으세요?

Do you believe in God?

두 유 빌립 인 갓

저는 기독교 신자예요.

I'm a Christian.

아임 어 크리스천

저는 천주교를 믿습니다.

I'm a Catholic.

아임 어 캐쏠릭

저는 불교 신자입니다.

I'm a Buddhist.

아임 어 부디스트

가까운 곳에 교회가 있나요?

Is there a church near here?

이즈 데얼 어 춰치 니어 히얼

 24 대화 다시듣기

A: 종교를 가지고 있습니까?

B: 아니요, 저는 무신론자예요.

□ □ □

25 여행에 대해 말할 때

>> 녹음을 듣고 소리내어 읽어보세요?

Mini Talk

A: Do you like traveling by ship?

두 유 라익 트레블링 바이 쉽

배 여행을 좋아하세요?

B: No, I prefer to travel by plane.

노, 아이 프리퍼 투 트레블 바이 플레인

아뇨, 비행기로 여행하는 게 더 좋아요.

Check Point!

여름휴가, 겨울방학, 설 연휴, 추석 연휴 등 휴가철마다 해외여행을 떠나는 사람들이 많아지면서, 이제는 해외여행이 사치가 아니라 생활의 한 부분이 된 것 같아요. 해외여행을 떠나기 진에 최소한 기본 용어는 알고 기지고요. Check-in(탑승 수속), departure time(출발 시간), Transfer(환승), Customs Declaration(세관 신고), Landing card/form(입국 신고서)

저는 여행하는 것을 좋아해요.
I am fond of traveling.
아임 폰드 옵 트래블링

여행은 마음을 넓혀줘요.
Travel broadens the mind.
트래블 브로든즈 더 마인드

여행은 어땠어요?
How was your trip?
하우 워즈 유얼 트립

저는 가족과 함께 여행하는 것을 좋아해요.
I enjoy traveling with my family.
아이 인조이 트래블링 윗 마이 패멀리

해외여행을 하신 적이 있습니까?
Have you ever traveled overseas?
해뷰 에버 트래블드 오버씨즈

해외여행은 이번이 처음입니다.
This is my first trip overseas.
디시즈 마이 퍼슷 트립 오버씨즈

▶ 25 대화 다시듣기

A: 배 여행을 좋아하세요?　　　□ □ □
B: 아뇨, 비행기로 여행하는 게 더 좋아요.

✦ 앞에서 배운 대화 내용입니다. 한글을 영어로 말해보세요. 잘 모르시겠다고요?
걱정마세요. 녹음이 있잖아요. 그리고 정답은 각 유닛에서 확인하세요.

01 A: 몇 시죠?
   B: **It's ten twenty-three.**

02 A: 오늘이 며칠이죠?
   B: **It's the third of March.**

03 A: 날씨가 아주 근사하네요, 안 그래요?
   B: **Yes, it is.**

04 A: 어디서 오셨어요?
   B: **I'm from Seoul.**

05 A: **Are you the eldest child in your family?**
   B: **No, I'm not.** 저는 외아들이에요.

06 A: 어느 학교에 다니세요?
   B: **I go to NS University.**

07 A: 왜 수업에 오지 않았니?
   B: **Because I had a stomachache.**

08 A: 어떤 회사에서 일하세요?
   B: **A trading company.**

09 A: 지금 직장에 만족하세요?
   B: **Yes, but I'm not always happy.**

10 A: 어디 사세요?
   B: **I live in the suburbs of Seoul.**

11 A: 사귀는 사람 있어요?
   B: **Not at the moment, unfortunately.**

12 A: 결혼하셨어요?
   B: **No, I'm not.**

13　A: **Do you like romantic movies?**
　　B: 완전 좋아해요!

14　A: 무슨 게임을 하고 싶어요?
　　B: **Well, how about playing a video game?**

15　A: 좋아하는 작가는 누구예요?
　　B: **I love Herman Hesse.**

16　A: 무슨 음악을 좋아하세요?
　　B: **I love pop music.**

17　A: 텔레비전을 얼마나 자주 보세요?
　　B: **I watch TV for two or three hours a day.**

18　A: 맛이 어때요?
　　B: **It's really good.**

19　A: 오늘은 기분이 어떠세요?
　　B: **I'm not feeling well.**

20　A: **What kind sports do you like?**
　　B: 스포츠라면 뭐든지 좋아합니다.

21　A: 나 어때 보여?
　　B: **You look beautiful in that dress.**

22　A: **How do I look in this suit?**
　　B: 잘 어울려요.

23　A: **Do you make friends easily?**
　　B: **No,** 내성적이라서요.

24　A: 종교를 가지고 있습니까?
　　B: **No, I'm an atheist.**

25　A: 배 여행을 좋아하세요?
　　B: **No, I prefer to travel by plane.**

Good job!

126

PART 03

일상생활·여행 → 표현

Expression

Unit 01

길을 묻거나 알려줄 때

>> 녹음을 듣고 소리내어 읽어보세요?

Mini Talk

A: Could you tell me the way to the subway station?

쿠쥬 텔 미 더 웨이 투 더 썹웨이 스테이션

지하철역으로 가는 길을 가르쳐 주시겠어요?

B: Go along this street.

고 어롱 디스 스트릿

이 길을 따라 가세요.

Check Point!

외국에서 길을 물을 때는 가능하면 경찰이나 관광안내소에 가서 물어보는 게 좋아요. 세상 모든 나라가 우리나라처럼 치안상태가 좋은 건 아니니까요. 급하게 걸어가는 사람보다는 천천히 걷는 사람에게 묻는 것이 좋지만, 지나치게 친절한 사람은 좀 경계해야 해요. 말을 걸 때는 Excuse me.(실례합니다)로 시작하고 Thank you.(감사합니다)라고 인사하는 거 잊지 마세요.

실례합니다.
Excuse me.
익스큐즈 미

여기가 어디예요?
Where am I?
웨얼 엠 아이

가장 가까운 지하철역이 어디 있어요?
Where is the nearest subway station?
웨어리즈 더 니어리슷 썹웨이 스테이션

약도를 좀 그려주시겠어요?
Could you draw me a map?
쿠쥬 드로우 미 어 맵

저도 여기는 처음이에요
I'm a stranger here myself.
아임 어 스트래인저 히얼 마이셀프

버스를 타세요.
Take the bus.
테익 더 버스

▶ **01 대화 다시듣기**

A: 지하철역으로 가는 길을 가르쳐 주시겠어요? ☐ ☐ ☐
B: 이 길을 따라 가세요.

130

Unit

02 택시를 탈 때

>> 녹음을 듣고 소리내어 읽어보세요?

학습일 / □

Mini Talk

A: **Where to, sir?**

웨얼 투, 써r

어디로 오실까요?

B: **To Seoul station, please.**

투 서울 스테이션, 플리즈

서울역으로 가주세요.

Check Point!

시간에 맞춰가야 하는데 늦었거나 길을 영 모르겠을 때는 택시를 이용하는 게 여러 모로 편리해요. 영어가 서툴러도 목적지의 주소나 이름(무슨 백화점 등으로)을 적어서 택시기사에게 주면 됩니다. 사람이 많을 때나 큰 짐이 있을 때는 추가요금을 받는 경우도 있으니 미리 요금협상을 해두는 게 좋아요. 내릴 때는 요금의 15% 정도를 팁으로 더 줘야 해요.

Basic Expression

택시를 불러 주시겠어요?
Could you call me a taxi?
쿠쥬 콜 미 어 택시

공항으로 가주세요.
Please take me to the airport.
플리즈 테익 미 투 디 에어폿

얼마나 걸리죠?
How long does it take?
하우 롱 더즈 잇 테익

다음 모퉁이에서 왼쪽으로 도세요.
Turn left at the next corner.
턴 렙트 앳 더 넥숫 코너

여기서 세워주세요.
Stop here, please.
스탑 히얼, 플리즈

요금이 얼마죠?
What's the fare?
왓츠 더 패어

02 대화 다시듣기

A: 어디로 모실까요?
B: 서울역으로 가주세요.

132

Unit 03 버스를 탈 때

>> 녹음을 듣고 소리내어 읽어보세요?

Mini Talk

A: **Where's the bus stop?**

웨어즈 더 버스탑

버스 정류장이 어디죠?

B: **It's just across the street.**

잇츠 저슷 어크로스 더 스트릿

바로 길 건너편이에요.

Check Point!

시내를 관광할 때는 시내버스를 이용하는 것이 값도 싸고 편리해요. 특별히 시내투어를 하는 버스도 있고요. 관광안내소 등에서 노선도를 받아두면 이동할 때마다 유용하게 쓸 수 있어요. 미국에서는 요금을 직접 요금함에 넣는 경우가 대부분이고, 거스름돈을 받을 수 없으니까 동전을 미리 준비해야 해요. 런던의 유명한 2층버스는 뒷문으로 타고 차장에게 요금을 냅니다.

133

이 버스 공항에 갑니까?

Does this bus go to the airport?

더즈 디스 버스 고 투 디 에어풋

다음 정거장은 어디예요?

What's the next stop?

왓츠 더 넥스트 스탑

버스를 잘못 탔어요.

I took the wrong bus.

아이 툭 더 렁 버스

내릴 곳을 놓쳤어요.

I missed my stop.

아이 미스트 마이 스탑

뉴욕행 버스는 얼마나 자주 운행되나요?

How often do the buses run to New York?

하우 오픈 두 더 버시즈 런 투 뉴욕

이 버스는 타임스퀘어에서 섭니까?

Does this bus stop at Time Square?

더즈 디스 버스탑 앳 타임스퀘어

 03 대화 다시듣기

A: 버스 정류장이 어디죠?

B: 바로 길 건너편이에요.

134

Unit 04 지하철을 탈 때

>> 녹음을 듣고 소리내어 읽어보세요?

Mini Talk

A: Can I have a subway map?

캔 아이 해버 썹웨이 맵

지하철 노선도를 얻을 수 있을까요?

B: Yes, it's over there.

예스, 잇츠 오버 데얼

네, 저기 있습니다.

Check Point!

지하철은 미국에서는 subway, 런던에서는 underground 또는 tube라고 불러요. 요즘은 웬만한 나라에는 다 지하철이 발달해 있어서 버스보다 훨씬 수월하게 이용할 수 있죠. 교통체증도 없고 값도 싸고 노선도만 갖고 있으면 원하는 곳 어디로든 큰 불편 없이 찾아갈 수 있어요. 관광안내소 등에서 노선도를 꼭 받아서 탈 때마다 노선, 환승역, 하차역을 미리 확인해요.

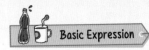

지하철 노선도를 얻을 수 있을까요?

Can I have a subway map?

캔 아이 해버 썹웨이 맵

이 근처에 지하철역이 있습니까?

Is the subway station near here?

이즈 더 썹웨이 스테이션 니어 히얼

표는 어디서 살 수 있습니까?

Where can I buy a ticket?

웨얼 캔 아이 바이 어 티킷

어느 선이 센트럴 파크로 갑니까?

Which line goes to Central Park?

위치 라인 고우즈 투 센츄럴 팍

맨하탄에 가려면 어디서 갈아탑니까?

Where do I have to change for Manhattan?

웨얼 두 아이 햅 투 체인지 풔 맨해튼

공항까지 정거장이 몇 개 있어요?

How many stops is it to the Airport?

하우 매니 스탑스 이즈 잇 투 디 에어폿

▶ 04 대화 다시듣기

A: 지하철 노선도를 얻을 수 있을까요? ☐ ☐ ☐
B: 네, 저기 있습니다.

Unit 05 열차를 탈 때

>> 녹음을 듣고 소리내어 읽어보세요?

Mini Talk

A: Which platform is for Busan?

위치 플래폼 이즈 풔 부산

부산으로 가려면 어느 승강장으로 가야 해요?

B: Platform 2.

플래폼 투

2번 플랫폼요.

Check Point!

미국, 캐나다, 호주, 특히 유럽 등지에서는 열차여행이 아주 유명해요. 아름다운 관광지를 따라 며칠씩 열차를 타고 가는 여행상품으로 특화되어 있는 경우도 많고요. 장거리 여행을 할 때는 버스를 이용하는 것이 불편하기도 하고 요금도 무척 비싸기 때문에 열차를 이용하는 게 여러 모로 좋아요. 편안하게 경치를 즐기면서 여행하기에는 정말 딱이죠.

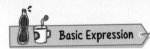

Basic Expression

매표소가 어디 있어요?
Where is the ticket office?
웨어리즈 더 티킷 어피스

이 열차가 시카고행 열차예요?
Is this going to Chicago?
이즈 디스 고잉 투 시카고

열차가 얼마나 자주 옵니까?
How often does the train come?
하우 오픈 더즈 더 트레인 컴

이 열차 그 역에서 정차합니까?
Does this train stop at the station?
더즈 디스 트레인 스탑 앳 더 스테이션

별도의 요금을 내야 합니까?
Do I have to pay an extra charge?
두 아이 햅 투 페이 언 엑스트라 차쥐

식당차는 있습니까?
Does the train have a dining car?
더즈 더 트레인 해버 다이닝 카

▶ 05 대화 다시듣기

A: 부산으로 가려면 어느 승강장으로 가야 해요?   ☐ ☐ ☐
B: 2번 플랫폼요.

138

Mini Talk

A: **Can I see your ticket, please?**

캔 아이 씨 유얼 티킷, 플리즈

탑승권을 보여 주시겠어요?

B: **Yes, here it is.**

예스, 히얼 이리즈

네, 여기 있습니다.

Check Point!

비행기 예약은 적어도 출발하기 72시간 전에는 반드시 재확인해야 해요. 누구라도 비행기는 당연히 예약을 해두죠. 한 달 전에 했든 일주일 전에 했든 아무튼 비행기 예약은 무조건 출발하기 전에 항공사에 다시 확인해야 해요. 그런 걸 reconfirm이라고 하죠. 왠지는 몰라도 비행기 예약이 자동으로 취소되거나 예약이 제대로 되어 있지 않은 경우가 꽤 있거든요.

탑승 수속은 언제 하죠?

When should I check in?

웬 슈다이 체킨

창문옆 좌석을 주세요.

Please give me a window seat.

플리즈 깁 미 어 윈도우 씻

출발 시간이 언제죠?

When does this airplane take off?

웬 더즈 디스 에어플레인 테이콥

비행기를 타러 어디로 가죠?

Where is the gate for this flight?

웨어리즈 더 게잇 풔 디스 플라잇

이건 가지고 들어갈 수 있어요?

Can I carry this with me?

캔 아이 캐리 디스 윗 미

제 자리는 어디죠?

Where's my seat, please?

웨어즈 마이 씻, 플리즈

---

06 대화 다시듣기

A: 탑승권을 보여 주시겠어요?   ☐ ☐ ☐
B: 네, 여기 있습니다.

>> 녹음을 듣고 소리내어 읽어보세요?

Mini Talk

A: **What kind of car do you want?**

왓 카인돕 카르 두 유 원트

어떤 차를 원하세요?

B: **An automatic sedan, please.**

언 오토메틱 세단, 플리즈

오토 세단을 주세요.

Check Point!

차를 빌려서 여행할 생각이라면 미국이나 유럽에서는 운전에 대해 아주 엄격한 기준을 적용한다는 사실을 명심해야 해요. 미국에서는 스쿨버스에서 어린이들이 승하차하는 동안 뒷차는 무조건 기다려야 하고, 중앙분리대가 없는 도로라면 맞은편에서 오는 차들도 모두 서야 하죠. 주차금지 구역에 차를 세우면 바로 끌고 가버리고 바퀴를 잠가버리는 나라도 있거든요.

차를 빌리고 싶어요.
I'd like to rent a car.
아이드 라익 투 렌터 카

여기에 주차해도 될까요?
Can I park here?
캔 아이 팍 히얼

차가 시동이 안 걸려요.
This car doesn't work.
디스 카르 더즌트 웍

가득 넣어주세요.
Fill (it up), please.
필 (이럽), 플리즈

타이어가 펑크 났어요.
I had a flat tyre.
아이 해더 플랫 타이어

다음 휴게소까지 얼마나 멀어요?
How far is it to the next services?
하우 파 이짓 투 더 넥슛 서비시즈

> **07 대화 다시듣기**
>
> A: 어떤 차를 원하세요? ☐ ☐ ☐
> B: 오토 세단을 주세요.

142

Unit

08 숙박할 때

>> 녹음을 듣고 소리내어 읽어보세요?

Mini Talk

A: What's the check-out time?

왓츠 더 체카웃 타임

체크아웃 시간은 몇 시죠?

B: It's noon.

잇츠 눈

12시입니다.

Check Point!

호텔의 체크인 시각은 보통 오후 2시부터예요. 호텔 도착 시간이 예정보다 늦어질 때는 예약이 취소되는 경우도 있으니까 늦어질 것 같으면 미리 호텔에 전화해서 도착시간을 알려두는 것이 좋아요. 해외여행을 하다 보면 비행기 연착이니 뭐니 해서 시간을 맞추지 못하는 경우가 많이 발생하니까요. 체크인할 때는 방의 형태, 설비, 요금, 체재 예정 등을 꼭 확인하세요.

143

1인실 빈 방 있어요?

Do you have a single available?

두 유 해버 싱글 어베일러블

더 싼 방은 없나요?

Is there anything cheaper?

이즈 데얼 애니씽 취퍼

이 방으로 하겠습니다.

I'll take this room.

아일 테익 디스 룸

1박에 얼마예요?

How much for a night?

하우 머취 풔러 나잇

요금에 아침식사 포함인가요?

Is breakfast included?

이즈 블랙퍼슷 인클루딧

체크인 하고 싶은데요.

I'd like to check in, please.

아이드 라익 투 체킨, 플리즈

> ▶ 08 대화 다시듣기
>
> A: 체크아웃 시간은 몇 시죠? ☐ ☐ ☐
> B: 12시입니다.

Unit 09 식당에서

>> 녹음을 듣고 소리내어 읽어보세요?

A: How would you like your steak?

하우 우쥬 라익 유얼 스테익

스테이크를 어떻게 해드릴까요?

B: Well done, please.

웰 던, 플리즈

완전히 익혀 주세요.

Check Point!

외국 식당에서 영어로 식사를 주문하려면 특정 단어와 표현들을 알아야 하고 주문할 때도 예의를 갖추는 것이 중요해요. 대부분의 영어 원어민들은 주문 하기 전에 반드시 먼저 인사를 하고 음식을 주문할 때도 I want ~.(~주세요) 라고 하지 않고 Can I get ~(~를 주문할 수 있을까요?)라고 해요. 달라고 요구 하는 게 아니라 줄 수 있느냐고 물어보는 거죠.

145

메뉴판 좀 주세요.

May I see the menu?

메아이 씨 더 메뉴

이 음식은 뭐예요?

What's this dish?

왓츠 디스 디쉬

특별 메뉴가 있나요?

Do you have any specials?

두 유 햅 애니 스페셜즈

주문 받으세요.

Can you take our order, please?

캔 유 테익 아워 오더, 플리즈

빵을 더 주문할 수 있을까요?

Could we have some more bread?

쿳 위 햅 썸 모어 브래드

계산서 좀 갖다 주시겠어요?

May I have the check, please?

메아이 햅 더 첵, 플리즈

 09 대화 다시듣기

A: 스테이크를 어떻게 해드릴까요? ☐ ☐ ☐

B: 완전히 익혀 주세요.

Unit 10 음료와 술을 마실 때

>> 녹음을 듣고 소리내어 읽어보세요?

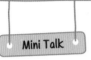

Mini Talk

A: This coffee was good.

디스 커피 워즈 굿

이 커피 맛있네.

B: Do you want more?

두 유 원트 모어

한잔 더 할래?

Check Point!

북미에서 liquor는 보통의 주류(alcoholic beverages)를 가리키고, Alcohol
은 맥주(beer), 와인(wine), 화주(스피릿, spirits)의 주성분이기도 하고, 병원
에서 수독용으로 사용하는 알코올이기도 해서 술과 관련해서는 Alcohol이라
는 단어를 잘 사용하지 않아요. 맥주(beer)는 brew, brewsky, a cold one이
라고도 해요. Would you like a brew?(맥주 좋아하세요?)

커피 한 잔 어때요?
How about a cup of coffee?
하우 어바웃 어 커봅 커피

커피 한잔 하면서 좀 쉽시다.
Let's break for a cup of coffee.
렛츠 브레익 풔 어 커봅 커피

술 한 잔 어때요?
How about a drink?
하우 어바웃 어 드링크

맥주 한 잔 할래요?
Would you like a beer?
우쥬 라익 어 비어

전 그렇게 술을 많이 마시는 사람은 아니에요.
I'm not such a big drinker.
아임 낫 서취 어 빅 드링커

건배!
Cheers!
치얼즈

 10 대화 다시듣기

A: 이 커피 맛있네.
B: 한잔 더 할래?

148

11 관광안내소에서

>> 녹음을 듣고 소리내어 읽어보세요?

Mini Talk

A: **Do you have any brochures on local attractions?**

두 유 햅 애니 브로슈어즈 온 로컬 어트렉션스

지역 명소에 관한 안내책자 같은 거 있어요?

B: **Sure, here it is.**

슈얼, 히얼 이리즈

그럼요, 여기 있습니다.

Check Point!

관광의 첫걸음은 관광안내소에서 시작됩니다. 관광안내소에서는 시내 볼거리 소개부터 버스정류장, 주변 관광지 교통안내, 지역별 명물·명산품, 숙박시설 안내, 관광산품 안내 등 관광에 필요한 여러 가지 서비스를 제공하고 있고 대개 영어가 가능한 직원이 항상 대기하고 있어요. 무료 시내지도, 대체로 지하철 노선도, 버스 노선도 등은 반드시 얻어두세요.

학습일 /

시내 투어는 있습니까?

Is there a city tour?

이즈 데얼 어 씨티 투어

무료 시내지도는 있나요?

Do you have a free city map?

두 유 해버 프리 시티 맵

민박 목록은 있어요?

Do you have a list of B&Bs?

두 유 해버 리슷 옵 비앤비즈

꼭 구경해야 할 곳을 몇 군데 가르쳐 주세요.

Please tell me some of the places I should visit.

플리즈 텔 미 썸 옵 더 플레이스 아이 슛 비짓

도시를 둘러보는 가장 좋은 방법은 뭐예요?

What's the best way of seeing around the city?

왓츠 더 베슷 웨이 옵 씨잉 어롸운 더 씨티

개인당 비용은 얼마입니까?

What's the rate per person?

왓츠 더 레잇 퍼 퍼슨

 11 대화 다시듣기

A: 지역 명소에 관한 안내책자 같은 거 있어요?　☐ ☐ ☐
B: 그럼요, 여기 있습니다.

Unit 12 관광지에서

>> 녹음을 듣고 소리내어 읽어보세요?

Mini Talk

A: How long does this tour take?

하우 롱 더즈 디스 투어 테익

이 코스를 여행하는 데 시간이 얼마나 걸려요?

B: It'll take about 4 hours.

잇일 테익 어바웃 풔 아워즈

대략 4시간 정도 걸릴 거예요.

Check Point!

어느 나라에 가든 유명한 미술관이나 박물관은 필수코스죠. 계획을 세우기
전에 먼저 휴관일을 알아보고, 요일에 따라서 개관을 연장하거나 입장료가
달라지는 곳도 있으니까 가이드북을 보고 미리 확인하세요. 교회나 성당 등
종교와 관련된 곳을 방문할 때는 옷차림에 신경을 써야 해요. 반바지나 슬리
퍼, 노출이 심한 옷차림 등으로는 들어가지 못하는 곳도 있어요.

저게 뭐죠?

What is that?

와리즈 댓

저게 먼지 아세요?

Do you know what that is?

두 유 노우 왓 댓 이즈

저기 있는 저 동상은 뭐죠?

What's that statue over there?

왓츠 댓 스태츄 오버 데얼

이 건물은 왜 유명하죠?

What is this building famous for?

와리즈 디스 빌딩 페이머스 풔

정말 아름다운 경치네요!

What a beautiful sight!

와러 뷰티플 싸잇

전망이 기가 막히네요!

What a fantastic view!

와러 팬태스틱 뷰

▶ 12 대화 다시듣기

A: 이 코스를 여행하는 데 시간이 얼마나 걸려요?
B: 대략 4시간 정도 걸릴 거예요.

152

Unit 13 관람할 때

>> 녹음을 듣고 소리내어 읽어보세요?

Mini Talk

A: **Excuse me. Where's the museum?**

익스큐즈 미. 웨어즈 더 뮤지엄

실례합니다. 박물관이 어디 있습니까?

B: **Go straight for about a mile.**

고 스트레잇 풔 어바웃 어 마일

곧장 1마일쯤 가세요.

Check Point!

뮤지컬, 연극, 콘서트 등의 정보는 그 도시의 정보지, 호텔의 인포메이션, 관광안내소에서 찾아볼 수 있어요. 예매를 해두는 것이 좋지만 미국이나 유럽의 대도시에서는 당일권을 반액으로 파는 경우도 있으니 참고하세요. How long does the concert to last?(공연 시간은 얼마나 돼요?) / Is this program free?(이 안내책자는 무료인가요?)

입장료는 얼마예요?

How much is the admission fee?

하우 머취 이즈 디 어드미션 피

어른 두 장 주세요.

Two adults, please.

투 어덜츠, 플리즈

오후 6시에 폐관합니다.

The closing time is 6 p.m.

더 클로징 타임 이즈 식스 피엠

이 입체 전시물들 대단하지 않아요?

Aren't these dioramas excellent?

안트 디즈 다이어라머즈 엑셀런트

만지지 마세요.

Don't touch it.

돈 터취 잇

피카소 작품은 어디 있어요?

Where are the works of Picasso?

웨얼 알 더 웍스 옵 피카소우

---

 13 대화 다시듣기

A: 실례합니다. 박물관이 어디 있습니까? ☐ ☐ ☐
B: 곧장 1마일쯤 가세요.

154

Unit 14 사진을 찍을 때

>> 녹음을 듣고 소리내어 읽어보세요?

Mini Talk

A: Is it OK to take pictures here?

이즈 잇 오케이 투 테익 픽쳐스 히얼

여기서 사진 찍어도 되나요?

B: Yes, of course.

예스, 옵 코스

그럼요, 물론이죠.

Check Point!

미술관이나 박물관에서는 사진촬영이 금지되어 있는 곳이 많으므로 게시판을 잘 살펴야 해요. 요즘은 여행을 다니는 사람들이 대부분 셀카봉을 들고 다니면서 사진을 찍어 SNS에 올리는 게 전 세계적으로 유행이에요 한국에서는 셀카라고 하지만 바른 영어 표현은 selfie이고, 셀카봉은 selfie stick이에요. 다른 사람을 찍을 때는 먼저 허락을 받는 거 잊지 마세요.

여기서 사진 찍어도 되나요?

Can I take a picture here?

캔 아이 테이커 픽춰 히얼

여기서 플래시를 사용해도 되나요?

May I use a flash here?

메아이 유즈 어 플래쉬 히얼

사진 좀 찍어 주시겠어요?

Could you take a picture of me, please?

쿠쥬 테이커 픽쳐 옵 미, 플리즈

이 버튼만 누르세요.

Just press this button.

저슷 프레스 디스 버튼

같이 사진 찍어도 될까요?

Can I take a picture with you?

캔 아이 테이커 픽춰 위듀

셀카 찍자.

Let's take a selfie.

렛츠 테이커 셀피

 14 대화 다시듣기

A: 여기서 사진 찍어도 되나요?　　　　□ □ □

B: 그럼요, 물론이죠.

Unit 15 쇼핑할 때

>> 녹음을 듣고 소리내어 읽어보세요?

Mini Talk

A: Do you have a floor map?
두 유 해버 플로어 맵

매장 안내도 있습니까?

B: Yes, sir. Here it is.
예스, 써르. 히얼 이리즈

네, 여기 있습니다.

Check Point!

어느 나라나 쇼핑몰은 대개 규모가 굉장히 크기 때문에 매장, 엘리베이터, 에스컬레이터, 화장실, 식당가, 이벤트 몰 등 쇼핑몰 내의 시설 위치를 찾는 질문을 많이 하게 되죠. 우리가 흔히 착각하는 것이 for sale과 on sale이에요. for sale은 '판매용'이라는 뜻이고, on sale이 바로 우리가 찾는 '세일 중'이에요. for sale 팻말 앞에서 왜 가격이 안 싼지 따지지 마세요.

쇼핑가는 어디입니까?

Where is the shopping area?

웨어리즈 더 샤핑 에어리어

백화점은 어디 있어요?

Where is the department store?

웨어리즈 더 디파트먼트 스토어

면세점은 어디 있어요?

Where is the duty free shop?

웨어리즈 더 듀티 프리 샵

엘리베이터는 어디 있어요?

Where can I find the elevators?

웨어 캔 아이 파인 디 엘리베이럴즈

쇼핑 카트 있는 데가 어디죠?

Where can I get a shopping cart?

웨어 캔 아이 게러 샤핑 카트

계산대는 어디 있어요?

Where is the checkout?

웨어리즈 더 체카웃

 15 대화 다시듣기

A: 매장 안내도 있습니까?　　　　□ □ □
B: 네, 여기 있습니다.

물건을 찾을 때

학습일 / □

>> 녹음을 듣고 소리내어 읽어보세요?

Mini Talk

A: Could you gift-wrap it?

쿠쥬 깁트-래핏

선물용으로 포장해 주시겠어요?

B: Yes, Ma'am.

예스, 맴

네, 사모님.

Check Point!

물건을 찾을 때 가장 많이 쓰는 표현은 I would like ~.(~을 좀 사고 싶어요) / I'm looking for ~.(~을 찾고 있어요) / I need ~.(~이 필요해요) 패턴이에요. 찾고 있는 물건을 설명하기 어려울 때는 사진을 보여주면서 Do you have this?(이거 있어요?) / Do you know where I can get this?(이거 어디서 구할 수 있는지 아세요?)라고 물어도 되요.

도와드릴까요?
May I help you?
메아이 헬프 유

신발 매장은 어디 있어요?
Where can I find the shoes?
웨어 캔 아이 파인 더 슈즈

화장품 매장은 몇 층이에요?
Which floor is the cosmetics?
위치 플로어 이즈 더 코스메틱스

그냥 둘러보고 있습니다.
I'm just looking.
아임 저슷 룩킹

제가 찾는 물건이 아닙니다.
That's not what I wanted.
댓츠 낫 워라이 원팃

더 작은 것은 없어요?
Don't you have a smaller one?
돈츄 해버 스몰러 원

▶ 16 대화 다시듣기

A: 선물용으로 포장해 주시겠어요?
B: 네, 사모님.

☐ ☐ ☐

160

Unit 17 물건을 고를 때

>> 녹음을 듣고 소리내어 읽어보세요?

Mini Talk

A: It looks good on you.

잇 룩스 굿 온 유

잘 어울리시네요.

B: It fits perfectly. I'll take it.

잇 핏츠 퍼팩틀리. 아일 테이킷

몸에도 딱 맞아요. 이걸로 살게요.

Check Point!

가게에 들어가면 점원이 May I help you?(도와드릴까요?) / What are you looking for?(뭐 찾으세요?)라고 물어보죠. 그럴 때 I'm just looking.(그냥 보는 거예요)라고 대답하면 점원이 쫓아 다니지 않아요. 마음에 드는 상품은 점원에게 보여 달라고 부탁하고, I'm going to try it.(입어볼게요)라고 말한 다음, Fitting room(탈의실)에 가서 옷을 입어볼 수 있어요.

입어 봐도 될까요?
Can I try it on?
캔 아이 트라이 잇 온

이건 좀 작네요.
This is a little tight.
디시즈 어 리틀 타잇

이 옷은 무슨 천이에요?
What material is this dress made of?
왓 메테리얼 이즈 디스 드레스 메이돕

이거 세탁기 돌려도 되나요?
Is this machine-washable?
이즈 디스 머신-워셔블

저 셔츠 좀 보여주시겠어요?
Will you show me that shirt?
윌 유 쇼우 미 댓 셧

이걸로 살게요.
I'll take it.
아일 테이킷

---

17 대화 다시듣기

A: 잘 어울리시네요.　　　　　　　　□ □ □
B: 몸에도 딱 맞아요. 이걸로 살게요.

Unit 18 물건 값을 계산할 때

>> 녹음을 듣고 소리내어 읽어보세요?

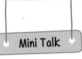

Mini Talk

A: **How much are they in all?**

하우 머치 알 데이 인 올

전부 얼마입니까?

B: **Twenty-three dollars including tax.**

투웬티-쓰리 달러즈 인클루딩 텍스

세금을 포함해서
23달러입니다.

Check Point!

물건을 계산할 때 필수표현은 계산방식이에요. 점원이 현금으로 계산할 건지 카드로 계산할 건지(Cash or credit?) 물으면 I'll pay in cash.(현금으로 할게요) 또는 I'll pay with credit(카드로 할게요)라고 하면 되요. 그냥 Cash. / Credit card.라고만 말해도 되요. 영수증을 달라고 해서(Receipt, please.) 그 자리에서 바로 계산 내역을 확인하세요.

163

얼마예요?

How much is it?

하우 머취 이짓

전부 얼마예요?

How much are they in all?

하우 머취 알 데이 인 올

너무 비싸요.

It's too expensive.

잇츠 투 익스펜십

좀 깎아주실래요?

Can you give me a discount?

캔 유 깁 미 어 디스카운

가격은 적당하네요.

The price is reasonable.

더 프라이스 이즈 리즈너블

신용카드로 지불해도 될까요?

Can I pay with credit cards?

캔 아이 페이 윗 크레딧 카즈

 18 대화 다시듣기

A: 전부 얼마입니까? ☐ ☐ ☐
B: 세금을 포함해서 23달러입니다.

포장이나 배달을 원할 때

>> 녹음을 듣고 소리내어 읽어보세요?

학습일 / □

Mini Talk

A: **Do you deliver?**

두 유 딜리버

배달되나요?

B: **No, we don't.**

노, 위 돈ㅌ

아뇨, 안 됩니다.

Check Point!

여행지에서 쇼핑할 때 구입한 물건들을 들고 다니는 것은 너무나 불편한 일이죠. 포장이나 배달을 부탁할 때 쓸 수 있는 간단한 표현을 쇼핑하러 갈 때 미리 알아두면 유용할 거예요. Would you wrap it up?(포장해 주세요) / Can I have this delivered to my place?(배달 가능한가요?) / Should I pay any extra charge for delivery?(배달요금이 따로 붙나요?)

Basic Expression

이것 좀 포장해 주세요.
Could you wrap this?
쿠쥬 랩 디스

선물용으로 포장해 주세요.
Wrap it up for a gift.
랩 이럽 풔러 깁트

선물용으로 포장하는 데 추가로 비용이 드나요?
Is there any extra charge for gift-wrapping?
이즈 데얼 애니 엑스트라 차쥐 풔 깁트-랩핑

이걸 따로따로 포장해 주세요.
Wrap them separately.
랩 댐 새퍼러틀리

배달해 줍니까?
Do you deliver?
두 유 딜리버

그걸 이 주소로 배달해 주세요.
Please deliver them to this address.
플리즈 딜리버 뎀 투 디스 어드레스

▶ 19 대화 다시듣기

A: 배달되나요? ☐ ☐ ☐
B: 아뇨, 안 됩니다.

166

Unit

20 교환이나 환불을 원할 때

>> 녹음을 듣고 소리내어 읽어보세요?

Mini Talk

A: Would you exchange this for another?

우쥬 익스체인지 디스 풔 어나더

이걸 다른 것과 교환해 주시겠습니까?

B: Yes, of course. Do you have the receipt?

예스, 옵 코스. 두 유 햅 더 리씻

물론이죠.

영수증 가지고 계십니까?

Check Point!

들뜬 기분으로 이것저것 샀다가 나중에 구입한 물건들을 정리하다보면 아, 이걸 왜 샀을까? 싶은 물건들을 발견하면 난감하죠. 환불 받을 때는 return 또는 refund, 교환할 때는 exchange를 사용해요. return은 물건을 돌려주면서 동시에 환불 받는 것을 의미하니까 refund를 따로 말하지 않아도 되요. 교환이나 환불을 받으려면 영수증이 꼭 있어야 한다는 점 잊지 마세요!

이걸 교환해 주시겠어요?
Can I exchange this?
캔 아이 익스체인쥐 디스

다른 것으로 바꿔 주시겠어요?
Would you exchange it for another?
우쥬 익스체인쥐 잇 풔 어나더

여기 영수증 있습니다.
Here's the receipt.
히어즈 더 리씻

전혀 작동하지 않습니다.
It doesn't work at all.
잇 더즌ㅌ 웍 애롤

이걸 환불해 주시겠어요?
May I have a refund on this, please?
메아이 해버 리펀드 온 디스, 플리즈

이 표를 환불 받고 싶은데요.
I'd like to get a refund on this ticket.
아이드 라익 투 게러 리펀드 온 디스 티킷

▶ 20 대화 다시듣기

A: 이걸 다른 것과 교환해 주시겠습니까?   ☐ ☐ ☐
B: 물론이죠. 영수증 가지고 계십니까?

Unit 21 은행에서

>> 녹음을 듣고 소리내어 읽어보세요?

Mini Talk

A: **Can I change some money here?**

캔 아이 체인지 썸 머니 히얼

여기서 돈을 바꿀 수 있나요?

B: **No, sir. You've got to go to window 5.**

노, 써르. 유브 캇 투 고 투 윈도우 파입

아닙니다, 선생님.
5번 창구로 가셔야 합니다.

Check Point!

은행에서 환전을 하고 싶을 때는 Change these to dollars, please.(이것을 달러로 바꿔 주세요), 계좌를 만들고 싶을 때는 I would like to open an account.(계좌를 개설하고 싶어요), 단기간의 여행을 할 때는 은행이나 환전소(Exchange Bureau)를 이용하는 것으로 충분하지만 장기간 체류하는 경우에는 은행에 계좌를 만들어 놓는 것이 여러 모로 편리해요.

현금자동지급기는 어디 있어요?

Where is the ATM?

웨어리즈 디 에이티엠

은행 카드를 잃어 버렸어요.

I've lost my bank card.

아이브 로슷 마이 뱅카드

달러로 계산하면 얼마가 되죠?

How much is it in dollars?

하우 머취 이짓 인 달러즈

백 달러를 잔돈으로 바꿔주시겠어요?

Can you break a 100-dollar bill?

캔유 브레익 어 원 헌드렛 달러 빌

이 여행자 수표를 현금으로 바꿔주세요.

I'd like to cash this traveler's check.

아이드 라익 투 캐쉬 디스 트래블러즈 첵

계좌를 개설하고 싶은데요.

I'd like to open an account.

아이드 라익 투 오픈 언 어카운ㅌ

---

 21 대화 다시듣기

A: 여기서 돈을 바꿀 수 있나요?　　□ □ □
B: 아닙니다, 선생님. 5번 창구로 가셔야 합니다.

170

22 우체국에서

>> 녹음을 듣고 소리내어 읽어보세요?

Mini Talk

A: **I'd like to send this to Korea.**

아이드 라익 투 샌 디스 투 코리아

이것을 한국으로 부치고 싶습니다.

B: **Surface mail, airmail, or special delivery?**

써페이스 메일, 에어메일, 오어 스페셜 딜리버리

보통우편, 항공우편,
특급배송이 있는데요.

Check Point!

아무리 인터넷 시대라 해도 짐은 우체국에 가서 부쳐야죠. 우체국에서 쓸 수 있는 기본 표현은 반드시 익혀둬야 해요. Where can I buy stamps?(우표는 이디서 사요?) / Where can I put this?(이거 어디에 넣어요?) / By airmail, please.(항공편으로 부탁해요) / By seamail[surface mail], please.(선편으로 부탁해요) 선편은 가격은 싸지만 오래 걸려요.

우표 10장 주세요.

Ten stamps, please.

텐 스템스, 플리즈

여기서 소포용 박스를 파나요?

Do you have parcel boxes here?

두 유 햅 파셀 박시즈 히얼

이 소포를 항공편으로 보내주세요.

Send this package by airmail, please.

샌 디스 패키쥐 바이 에어메일, 플리즈

서울까지 얼마나 걸릴까요?

How long will it take to reach Seoul?

하우 롱 윌 잇 테익 투 리취 서울

항공우편 요금은 얼마예요?

What's the airmail rate?

왓츠 디 에어메일 레잇

등기로 해주세요.

I'd like to send it by registered mail.

아이드 라익 투 샌딧 바이 레지스텃 메일

▶ 22 대화 다시듣기

A: 이것을 한국으로 부치고 싶습니다.

B: 보통우편, 항공우편, 특급배송이 있는데요.

172

Unit 23 이발소에서

>> 녹음을 듣고 소리내어 읽어보세요?

Mini Talk

A: How would you like to do your hair?

하우 우쥬 라익 투 두 유얼 헤어

머리 모양을 어떻게 해드릴까요?

B: Just a trim, please.

저슷 어 트림, 플리즈

다듬기만 해주세요.

Check Point!

우리는 이발소에 아무 때나 가지만 서구에서는 미리 예약을 하고 가는 것이 일반적이에요. How should I style it?(어떤 스타일로 해드릴까요?)라고 물으면 자신이 원하는 헤어스타일을 말하고 나서, 면도를 할 것인지, 이발만 할 것인지, 머리를 감을 것인지, 드라이를 할 것인지 등을 미리 말해야 해요. 특별히 원하는 것을 말하지 않으면 보통 커트만 해주거든요.

이발을 하고 싶은데요.
I would like to have a haircut.
아이 우드 라익 투 해버 헤어컷

이발과 면도를 해 주세요.
A haircut and shave, please.
어 헤어컷 앤 쉐입, 플리즈

이발만 해주세요.
Just a haircut, please.
저스터 헤어컷, 플리즈

약간만 다듬어 주세요.
Just a little trim.
저스터 리를 트림

너무 짧게 하지 마세요.
Not too short, please.
낫 투 숏, 플리즈

머리를 염색하고 싶은데요.
I'd like to dye my hair.
아이드 라익 투 다이 마이 헤어

▶ 23 대화 다시듣기

A: 머리 모양을 어떻게 해드릴까요? □ □ □
B: 다듬기만 해주세요.

174

Unit 24 미용실에서

>> 녹음을 듣고 소리내어 읽어보세요?

Mini Talk

A: **How about getting a perm?**

하우 어바웃 게링 어 펌

파마를 하시는 게 어때요?

B: **OK, then a soft perm, please.**

오케이, 댄 어 소프트 펌, 플리즈

좋아요. 약하게 파마를 해 주세요.

Check Point!

외국 미용실 중에는 간혹 파마를 아예 안 하는 곳도 있으니까 전화로 예약할 때 꼭 확인하고 필요한 표현도 미리 알아둬야 해요. I just want a haircut.(머리만 잘라주세요) / Just a root-touch up.(뿌리만 염색해주세요) / I'd like to get highlights.(하이라이트해주세요) Highlights/Lowlights는 현재 머리색보다 밝게/어둡게 전체적 들어가는 부분염색이에요.

오늘 오후 3시에 예약하고 싶은데요.

I'd like to have an appointment for 3 p.m.?

아이드 라익 투 해번 어포인트먼ㅌ 풔 쓰리 피엠

머리는 어떻게 해드릴까요?

How would you like your hair done?

하우 우쥬 라익 유얼 헤어 돈

이 헤어스타일이 요즘 유행이에요.

This hairstyle is the latest fashion.

디스 헤어스타일 이즈 더 래잇티슷 패션

여기까지 짧게 잘라주실래요?

Can you cut it short, up to here?

캔 유 컷 잇 숏, 업 투 히얼

앞머리는 앞으로 내주세요.

I'd like to cut some bangs.

아이드 라익 투 컷 썸 뱅스

자연스럽게 해 주세요.

I want a casual hairdo.

아이 원너 캐주얼 헤어두

---

 24 대화 다시듣기

A: 파마를 하시는 게 어때요?
B: 좋아요. 약하게 파마를 해 주세요.

176

Unit 25 세탁소에서

>> 녹음을 듣고 소리내어 읽어보세요?

Mini Talk

A: **May I help you?**

메아이 핼프 유

무엇을 도와 드릴까요?

B: **I need to get this suit dry cleaned.**

아이 낫 투 겟 디스 숫 드라이 클린드

이 셔츠 좀 드라이해 주세요.

Check Point!

계절이 바뀌면 평소보다 세탁소를 이용할 일이 많이 생겨요. 외국에서 세탁소를 이용할 때라도 필요한 표현들은 대개 정해져 있으니까 그리 어렵지 않아요. 세탁소(laundry)와 관련된 기본 숙어는 take one's clothes to a laundry(세탁소에 옷을 맡기다) / pick up the laundry(세탁소에서 세탁물을 찾다)예요. 빨래방(coin laundry)을 이용하면 싸고 간편해요.

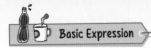

이 양복 드라이해 주세요.

I need to get this suit dry cleaned.

아이 닛 투 겟 디스 숏 드라이 클린드

이 얼룩 좀 빼주세요.

Can you remove the stains?

캔 유 리무브 더 스테인즈

언제쯤 다 될까요?

When is it ready?

웬 이즈 잇 레디

이 바지 단 좀 줄여주실래요?

Can you hem these pants?

캔 유 햄 디즈 팬스

세탁비용은 얼마예요?

How much do you charge for laundry?

하우 머취 두 유 차쥐 풔 런드리

내일 아침까지 이 셔츠가 필요해요.

I need this shirt by tomorrow morning.

아이 닛 디스 셧 바이 터마로우 모닝

---

 25 대화 다시듣기

A: 무엇을 도와 드릴까요?　　　☐ ☐ ☐

B: 이 셔츠 좀 드라이해 주세요.

✱ 앞에서 배운 대화 내용입니다. 한글을 영어로 말해보세요. 잘 모르시겠다고요?
걱정마세요. 녹음이 있잖아요. 그리고 정답은 각 유닛에서 확인하세요.

01 A: **Could you tell me the way to the subway station?**
B: 이 길을 따라 가세요.

02 A: **Where to, sir?**
B: 서울역으로 가주세요.

03 A: 버스 정류장이 어디죠?
B: **It's just across the street.**

04 A: 지하철 노선도를 얻을 수 있을까요?
B: **Yes, it's over there.**

05 A: **Which platform is for Busan?**
B: 2번 플랫폼요.

06 A: 탑승권을 보여 주시겠어요?
B: **Yes, here it is.**

07 A: 어떤 차를 원하세요?
B: **An automatic sedan, please.**

08 A: 체크아웃 시간은 몇 시죠?
B: **It's noon.**

09 A: **How would you like your steak?**
B: 완전히 익혀 주세요.

10 A: **This coffee was good.**
B: 한잔 더 할래?

11 A: 지역 명소에 관한 안내책자 같은 거 있어요?
B: **Sure, here it is.**

12 A: 이 코스를 여행하는 데 시간이 얼마나 걸려요?
B: **It'll take about 4 hours.**

13 A: **Excuse me.** 박물관이 어디 있습니까?
B: **Go straight for about a mile.**

14 A: 여기서 사진 찍어도 되나요?
B: **Yes, of course.**

15 A: 매장 안내도 있습니까?
B: **Yes, sir. Here it is.**

16 A: 선물용으로 포장해 주시겠어요?
B: **Yes, Ma'am.**

17 A: **It looks good on you.**
B: **It fits perfectly.** 이걸로 살게요.

18 A: 전부 얼마입니까?
B: **Twenty-three dollars including tax.**

19 A: 배달 되나요?
B: **No, we don't.**

20 A: **Would you exchange this for another?**
B: **Yes, of course.** 영수증 가지고 계십니까?

21 A: 여기서 돈을 바꿀 수 있나요?
B: **No, sir. You've got to go to window 5.**

22 A: 이것을 한국으로 부치고 싶습니다.
B: **Surface mail, airmail, or special delivery?**

23 A: **How would you like to do your hair?**
B: 다듬기만 해주세요.

24 A: **How about getting a perm?**
B: **OK,** 약하게 파마를 해 주세요.

25 A: **May I help you?**
B: 이 셔츠 좀 드라이해 주세요.

PART

04

전화·사교·긴급

→ 표현

Expression

Unit 01 전화를 걸 때

>> 녹음을 듣고 소리내어 읽어보세요?

Mini Talk

A: Hello, Is Jane there, please?

헬로우, 이즈 제인 데얼, 플리즈

여보세요. 제인 있어요?

B: Yes, speaking.

예스, 스피킹

네, 전데요.

Check Point!

전화를 걸 때는 전화를 받는 상대가 누구냐에 따라 표현이 달라져요. 친구랑 직장 상사랑 거래처 사람이랑 똑같을 수는 없으니까요. 요즘은 모두 셀폰을 가지고 있으니까 굳이 바꿔달라든가, 자리에 있느냐 없느냐, 메시지를 남기느냐 마느냐 하는 표현을 배울 필요도 없어졌죠. 아주 간단하게 Is Jane in? 하고 묻기도 해요. 전화 받는 거 너지? 하는 식의 표현이죠.

Basic Expression

제인이니?
Is Jane in?
이즈 제인 인

제인 있어요?
Is Jane there, please?
이즈 제인 데얼, 플리즈

제인 좀 바꿔주세요.
May I speak to Jane?
메아이 스픽 투 제인

톰인데요, 제인 좀 바꿔주세요.
This is Tom calling for Jane.
디시즈 탐 콜링 풔 제인

제인과 통화하고 싶습니다.
I'd like to speak to Jane, please.
아이드 라익 투 스픽 투 제인, 플리즈

말씀 좀 전해주시겠어요?
Could you take a message?
쿠쥬 테이커 메시지

▶ 01 대화 다시듣기

A: 여보세요. 제인 있어요?
B: 네, 전데요.

☐ ☐ ☐

>> 녹음을 듣고 소리내어 읽어보세요?

Mini Talk

A: Hello, This is Jane calling for Tom.

헬로우, 디시즈 제인 콜링 풔 탐

여보세요, 제인인데요, 톰 좀 바꿔주세요.

B: I'm sorry, but he's not here at the moment.

아임 쏘리, 벗 히즈 낫 히얼 앳 더 모먼ㅌ

미안하지만, 지금 없는데요.

Check Point!

외국어로 전화 통화를 할 때는 명료하고 간결하게 해야 합니다. 전화는 상대의 얼굴 표정이 보이지 않는 만큼 상대가 말하는 것을 정확히 알아듣는 것과 자기가 말하고자 하는 것을 명확하게 발음하는 것이 중요하니까요. 상대의 이름을 잘 알아듣지 못했으면 May I have your name again?(다시 한 번 성함을 말씀해 주시겠습니까?)이라고 분명하게 확인하세요.

잠깐만 기다리세요.

Just a moment, please.

저슷터 모먼트, 플리즈

잠깐만요.

Hang on a sec.

행 온 어 섹

제인 바꿀게요.

I'll get Jane.

아일 겟 제인

그이에게 전화 드리라고 할까요?

Do you want him to call you back?

두유 원트 힘 투 콜 유 백

지금 다른 전화를 받고 계십니다.

He's on another line right now.

히즈 온 어나더 라인 롸잇 나우

지금 회의 중입니다.

He's in a meeting.

히즈 인 어 미팅

▶ 02 대화 다시듣기

A: 여보세요, 제인인데요, 톰 좀 바꿔주세요.　□ □ □
B: 미안하지만, 지금 없는데요.

Unit 03 찾는 사람이 부재중일 때

>> 녹음을 듣고 소리내어 읽어보세요?

Mini Talk

A: **Do you want him to call you back?**

두 유 원트 힘 투 콜 유 백

전화 드리라고 할까요?

B: **Yes, please. My name is Jane Austen.**

예스, 플리즈. 마이 네임 이즈 제인 오스틴

네, 그래 주세요.

저는 제인 오스틴입니다.

Check Point!

전화를 할 때마다 찾는 사람이 곧바로 전화를 받지는 않아요. 더구나 집이 아닌 직장에서는요. 물론 핸드폰으로 전화를 걸면 본인이 거의 받겠지만. 아무튼 전화를 했는데 통화를 원하는 상대가 없으면 먼저 본인의 신분을 밝히고 Can I leave a message for him?라고 묻고 나서, 전화를 달라고 메시지를 남길 때는 Just tell him I called, please.라고 하면 되죠.

지금 자리에 안 계십니다.

He's not at his desk.

히즈 낫 앳 히스 데슥

그녀는 지금 없는데요.

She's not here right now.

쉬즈 낫 히얼 롸잇 나우

언제 돌아옵니까?

When will he be back?

웬 윌 히 비 백

메시지를 남겨도 될까요?

Can I leave a message for him?

캔 아이 리브 어 메시지 풔 힘

나중에 다시 전화하겠습니다.

I'll call again later.

아일 콜 어게인 래이러

제가 전화했다고만 전해 주세요.

Just tell him I called, please.

저슷 텔 힘 아이 콜드, 플리즈

---

 03 대화 다시듣기

A: 전화 드리라고 할까요?　　　　　□ □ □

B: 네, 그래 주세요. 저는 제인 오스틴입니다.

Unit 04 약속을 정할 때

>> 녹음을 듣고 소리내어 읽어보세요?

Mini Talk

A: Can I see you, today?

캔 아이 씨 유, 투데이

오늘 만날 수 있을까요?

B: I can't make it today, How about tomorrow?

아이 캔트 메이킷 투데이, 하우 어바웃 터마로우

오늘은 안 되겠는데, 내일은 어때요?

Check Point!

약속을 정할 때 시간과 장소는 대개 상대방의 사정에 맞추는 것이 일반적입니다. 특히 날짜나 시간은 정확하게 메모해 두는 습관을 들이는 것이 좋아요. 약속에 관한 표현은 일상생활에서 가장 사용 빈도가 높은 표현에 속하므로 When would it be convenient for you?(언제가 좋을까요?) / Can you make it?(괜찮겠어요?) 등의 일정한 상용표현을 마스터해 두세요.

지금 뵈러 가도 될까요?

May I call on you now?

메아이 콜 온 유 나우

몇 시에 만날까요?

What time shall we meet?

왓 타임 쉘 위 밋

몇 시가 편해요?

What time is convenient for you?

왓 타임 이즈 컨비넌트 풔 유

몇 시가 가장 좋으세요?

What time is the best?

왓 타임 이즈 더 베슷

점심 약속 있으세요?

How are you fixed for lunch?

하우 알 유 픽스트 풔 런취

어디서 만날까요?

Where shall we meet?

웨어 쉘 위 밋

---

 04 대화 다시듣기

A: 오늘 만날 수 있을까요? ☐ ☐ ☐
B: 오늘은 안 되겠는데, 내일은 어때요?

Unit 05 약속 제의에 응답할 때

>> 녹음을 듣고 소리내어 읽어보세요?

Mini Talk

A: Jane, why don't we have a drink after work?

제인, 와이 돈ㅌ 위 해버 드링 앱터 웍

제인, 일 끝나고 한 잔 할래요?

B: I'd love to.

아이드 럽 투

좋아요.

Check Point!

Do you want to go watch movie tonight?(저녁에 영화 보러 갈래?) 누가 이렇게 물어 봤을 때 좋으면 Sure!(그래), 선약이 있을 때는 I have plans with my friends tonight.(오늘 저녁에 친구들이랑 약속 있어)라고 해야죠. 친구들과 만나는 것 같은 가벼운 약속에는 I have plans ~ 패턴으로 표현하고, 절대로 appointment나 promise를 쓰지 않는다는 점! 잊지 마세요.

좋아요.
That'll be fine.
댓일 비 퐈인

언제라도 좋을 때 오세요.
Come (at) any time you like.
컴 (앳) 애니 타임 유 라익

언제라도 좋아요.
Any time.
애니 타임

미안하지만 선약이 있어요.
Unfortunately, I have an appointment.
언풔처내이틀리, 아이 해번 어포인먼ㅌ

오늘은 안 되겠는데 내일은 어때요?
I can't make it today. How about tomorrow?
아이 캔ㅌ 메이킷 투데이. 하우 어바웃 터마로우

날짜를 다시 정할 수 있을까요?
Could we reschedule the date?
쿳 위 리스케쥴 더 데잇

 05 대화 다시듣기

A: 제인, 일 끝나고 한 잔 할래요? ☐ ☐ ☐
B: 좋아요.

Unit 06 초대할 때

>> 녹음을 듣고 소리내어 읽어보세요?

Mini Talk

A: How about having dinner with me tonight?

하우 어바웃 해빙 디너 윗 미 투나잇

오늘밤에 저와 저녁식사 하실래요?

B: I'd love to. Where shall we meet?

아이드 럽 투. 웨어 쉘 위 밋

좋아요. 어디서 만날까요?

Check Point!

초대는 더욱 가까이 지내고 싶다는 마음의 표시예요. 초대가 꼭 식사나 파티처럼 거창한 것에만 한정된 것은 아니니까요. 친한 사람에게는 Do you want to ~? / 그다지 친하지 않은 사람에게는 Would you like to ~? / 아직 어색한 사람에게는 I was wondering if you'd like to ~. 패턴을 쓰면 무난해요. I'd like to invite you ~.라고는 말하지 않는다는 점!

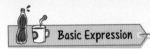

저희집에 오시겠어요?
Would you like to come to my place?
우쥬 라익 투 컴 투 마이 플레이스

저희집에 식사하러 오시겠어요?
Can you come over to my place for dinner?
캔 유 컴 오우버 투 마이 플레이스 풔 디너

언제 한번 놀러 오세요.
Please come and see me sometime.
플리즈 컴 앤 씨 미 썸 타임

언제 한번 들르세요.
Please drop by sometime.
플리즈 드랍 바이 썸타임

언제 식사나 한번 같이 합시다.
Let's have lunch sometime.
렛츠 햅 런취 썸타임

제 생일 파티에 와 주세요.
Please come to my birthday party.
플리즈 컴 투 마이 벌쓰데이 파티

---

 06 대화 다시듣기

A: 오늘밤에 저와 저녁식사 하실래요? □ □ □
B: 좋아요. 어디서 만날까요?

Unit 07 초대에 응답할 때

>> 녹음을 듣고 소리내어 읽어보세요?

Mini Talk

A: **We're having a party tonight. Can you come?**

위아 해빙 어 파티 투나잇. 캔 유 컴

오늘밤에 파티할 건데 올래?

B: **Sure. I'll be there.**

슈얼. 아일 비 데얼

그럼. 꼭 갈게.

Check Point!

상대의 초대를 기꺼이 받아들일 때는 Yes, I'd like that.(네, 좋아요) / That sounds great! Thanks.(좋아. 고마워) / Yes, OK.(그래, 좋아) 등으로 간단하게 대답해요. 하지만 거절할 때는 미안하니까 말이 좀 길어지죠. Sorry, I can't. It's my dad's birthday.(미안해. 그날 아빠 생일이야) / Sorry, but I'll going to aerobics.(미안해. 에어로빅 가야해)

좋아요.
Great!
그레잇

꼭 갈게요.
I'll be there.
아일 비 데얼

기꺼이 가겠습니다.
I'll be glad to come.
아일 비 글랫 투 컴

좋아요.
That sounds good.
댓 사운즈 굿

초대해 주셔서 감사합니다.
That's very kind of you.
댓츠 베리 카인돕 유

미안하지만 갈 수 없습니다.
I'm sorry I can't.
아임 쏘리 아이 캔트

 07 대화 다시듣기

A: 오늘밤에 파티할 건데 올래? ☐ ☐ ☐
B: 그럼. 꼭 갈게.

Unit 08 방문할 때

>> 녹음을 듣고 소리내어 읽어보세요?

Mini Talk

A: **Am I too early?**

엠 아이 투 어얼리

제가 너무 일찍 왔나요?

B: **No, Alan and Emily are already here.**

노, 알렌 앤 에밀리 알 얼레이디 히얼

아니에요, 알렌과 에밀리가
벌써 와 있어요.

Check Point!

서양에서는 남의 집을 방문했을 때 집 주인이 들어오라고 말하기 전에는 안
으로 들어가지 않아요. 문 앞에서 주인과 방문객이 얘기하는 장면, 영화에 많
이 나오잖아요. 안에서 누구냐고 물으면 Hi. This is Andy.(안녕. 앤디야)라
고 해요. 이때 I am ~이 아니라 This is ~를 쓴다는 것과 집주인이 들어오라고
(Come on in)할 때까지 기다려야 한다는 것을 꼭 기억하세요.

브라운 씨 댁입니까?

Is this Mr. Brown's residence?

이즈 디스 미스터 브라운즈 레지던스

브라운씨 계세요?

Is Mr. Brown in?

이즈 미스터 브라운 인

인사하려고 잠깐 들렀습니다.

I just dropped in to say hello.

아이 저슷 드랍트 인 투 쎄이 헬로우

나중에 다시 오겠습니다.

I'll come again later.

아일 컴 어게인 레이러

집이 깨끗하고 예쁘네요.

You have a bright and lovely home.

유 해버 브라잇 앤 러블리 홈

이거 받으세요.

Here's something for you.

히얼즈 썸씽 풔 유

---

08 대화 다시듣기

A: 제가 너무 일찍 왔나요?

B: 아니에요, 알렌과 에밀리가 벌써 와 있어요.

Unit 09 방문객을 맞이할 때

Mini Talk

A: **Please make yourself at home.**

플리즈 메익 유어셀프 앳 홈

편하게 계세요.

B: **Thank you. I feel at home already.**

땡큐. 아이 필 앳 홈 얼레이디

고마워요. 이미 편안해요.

Check Point!

집에 손님이 오면 무엇보다 반갑게 맞이하는 것이 가장 큰 친절이죠. 문 앞에서 수다를 떠느라 손님이 Can I come in?(들어가도 될까요?)라고 묻게 되기 전에 얼른 Welcome. Come on in (반가워요. 들어오세요)라고 말해요. 초대한 손님이라면 I've been waiting for you.(기다리고 있었어요)라고 말하면서 This way, please.(이쪽으로 오세요)라고 거실로 안내합니다.

어서 오세요.

You're most welcome.

유아 모슷 웰컴

와 줘서 정말 고마워요.

Thank you so much for coming.

땡큐 쏘 머취 풔 커밍

안으로 들어오세요.

Come in, please.

컴 인, 플리즈

앉으세요.

Please sit down.

플리즈 씻 다운

편히 계세요.

Please make yourself at home.

플리즈 메익 유어셀프 앳 홈

우리 집을 구경시켜 드릴게요.

Let me show you around my house.

렛 미 쇼 유 어롸운 마이 하우스

---

09 대화 다시듣기

A: 편하게 계세요.
B: 고마워요. 이미 편안해요.

Unit 10 방문객을 대접할 때

>> 녹음을 듣고 소리내어 읽어보세요?

Mini Talk

A: **Would you like some more dessert?**

우쥬 라익 썸 모어 디젓

디저트 좀 더 드실래요?

B: **No, thanks, I'm stuffed.**

노, 땡스, 아임 스텁트

고맙지만 배불러요.

Check Point!

손님이 자기 집처럼 편안하게 느끼도록 할 수 있다면 최고의 대접이죠. Make yourself comfortable.(편히 계세요) / (It is) so glad you came!(와주셔서 정말 기뻐요)라고 말하고 나면 우선 마실 것을 권하는 것이 예의예요 Would you like something to drink?(마실 것 좀 드릴까요?) 손님이 뭔가를 마시겠다고 대답하면 Coming right up!(당장 대령할게요!)라고 해요.

저녁식사 준비 됐어요.
Dinner is ready.
디너 이즈 래디

한국 음식 좋아하세요?
Do you like Korean food?
두 유 라익 코리언 푸드

많이 드세요.
Please help yourself.
플리즈 헬프 유어셀프

입맛에 맞으시면 좋겠어요.
I hope you like it.
아이 홉 유 라이킷

후식으로 이 초콜릿 푸딩을 드셔 보세요.
Try this chocolate pudding for dessert.
트라이 디스 초콜릿 푸딩 풔 디젓

디저트 좀 더 드실래요?
Would you like some more dessert?
우쥬 라익 썸 모어 디젓

 10 대화 다시듣기

A: 디저트 좀 더 드실래요?
B: 고맙지만 배불러요.

202

11 방문을 마칠 때

>> 녹음을 듣고 소리내어 읽어보세요?

Mini Talk

A: **I've had a great time. Thank you.**

아이브 해더 그레잇 타임. 땡큐

정말 즐거웠어요. 감사합니다.

B: **Oh, the pleasure was all mine.**

오, 더 프레줘 워즈 올 마인

아니에요, 오히려
제가 즐거웠어요.

 Check Point!

식사 초대였다면 밥을 먹고 나서 I'm so full.(완전 배불러요) / I ate way too much!(너무 많이 먹었어요) 등으로 잘 먹었다는 표현을 하죠. 나도 그렇다고 밀힐 때는 So am I. 또는 Me too.라고 표현해요. 손님이 돌아갈 때 주인은 Have a safe drive and we will see you soon.(운전 조심하시고 곧 또 만나요)라고 인사하고 손님은 Thanks again! Bye!라고 인사해요.

이제 가봐야겠어요.

I think I should get going.

아이 씽 아이 슏 겟 고잉

이렇게 늦었는지 몰랐어요.

I didn't realize how late it was.

아이 디든ㅌ 리얼라이즈 하우 레잇 잇 워즈

정말 맛있는 식사였어요.

Thank you for the nice dinner.

땡큐 풔 더 나이스 디너

이야기 즐거웠어요.

I've enjoyed talking with you.

아이브 인조이드 토킹 윗 유

정말 즐거웠어요.

I've really enjoyed myself.

아이브 리얼리 인조이드 마이셀프

우리 집에 언제 한번 오세요.

Come over to my place sometime.

컴 오버 투 마이 플레이스 썸타임

---

 11 대화 다시듣기

A: 정말 즐거웠어요. 감사합니다.　　□ □ □
B: 아니에요, 오히려 제가 즐거웠어요.

204

Unit
12
난처할 때

>> 녹음을 듣고 소리내어 읽어보세요?

Mini Talk

A: What's wrong with you?
왓츠 렁 윗 유

뭐가 잘못 됐어요?

B: I'm on the ropes.
아임 온 더 롭스

죽을 지경이에요.

Check Point!

여행지에서 난처한 일이 발생했을 때 상황별로 연락할 수 있는 전화번호와 도움을 구할 때 쓸 수 있는 기본 표현들은 늘 준비되어 있어야 해요. 소소한 일이라도 낯선 곳에서는 훨씬 크고 급박하게 느껴질 수 있으니 혼자 해결하려고 애쓰지 말고 가까이 있는 사람에게 도움을 요청하세요.
Help me, please!(도와주세요!)

문제가 생겼어요.

I have a problem.

아이 해버 프라블럼

어렵군요.

That's difficult.

댓츠 디피컬트

어떡하면 좋을지 모르겠어요.

I'm at a loss.

아임 애러 로스

꼼짝 못하게 갇혔어요.

I'm stuck.

아임 스턱

최악이야.

It's terrible.

잇츠 테러블

죽을 지경이에요.

I'm on the ropes.

아임 온 더 롭스

 12 대화 다시듣기

A: 뭐가 잘못 됐어요?　　　☐ ☐ ☐
B: 죽을 지경이에요.

Unit 13 말이 통하지 않을 때

학습일 / □

>> 녹음을 듣고 소리내어 읽어보세요?

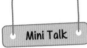

A: Do you speak English?

두 유 스픽 잉글리쉬

영어하세요?

B: I don't speak English well.

아이 돈ㅌ 스픽 잉글리쉬 웰

영어를 잘하지는 못합니다.

Check Point!

여행지에서 낯선 사람들에 둘러싸여 익숙하지 않은 언어로 말하다 보면 그 자리의 분위기나 상대에게 신경을 쓴 나머지 무슨 말인지 제대로 알아듣지도 못한 상태에서 고개를 끄덕이거나 알았다고 말해버리고 마는 경우가 흔해요. 하지만 관광객을 노리고 접근하는 사람들이 많으니 대답을 해야 하는 상황에 서는 알아들을 때까지 다시 말해달라고 해야 해요.

미안하지만 다시 한번요?

Pardon?

파든

다시 한번 말씀해주시겠어요?

Would you repeat that?

우쥬 리핏 댓

좀 더 천천히 말씀해 주시겠어요?

Would you speak more slowly?

우쥬 스픽 모어 슬로리

이 단어의 의미는 무엇입니까?

What does this word mean?

왓 더즈 디스 워드 민

여기 한국어를 하는 사람 있어요?

Does anyone here speak Korean?

더즈 애니원 히얼 스픽 코리언

미안합니다만, 못 들었어요.

I'm sorry, but I couldn't hear you.

아임 쏘리, 벗 아이 쿠든ㅌ 히어 유

---

 13 대화 다시듣기

A: 영어하세요?   ☐ ☐ ☐
B: 영어를 잘하지는 못합니다.

Unit 14 위급한 상황일 때

>> 녹음을 듣고 소리내어 읽어보세요?

Mini Talk

A: **911 emergency Services.**

나인 원 원 이머전시 써비스

911 긴급구조대입니다.

B: **Help me, I'm in the pit!**

헬프 미, 아임 인 더 핏

도와주세요,

구덩이에 빠졌어요!

Check Point!

외국에서 사고가 나거나 일행 중 누가 심각하게 아프거나 하는 비상사태가
발생하면 훨씬 당황하게 되요. 먼저 전문적인 도움을 줄 수 있는 곳으로 전화
를 걸어야 해요. 긴급상황 연락처는 항목별로 미리 알아 두세요. 주위에 사람
이 없어도 Help! Ambulance (Police)!라고 큰소리로 외치세요. 여권을 잃어
버렸거나 범죄나 재해를 만났을 땐 즉시 대사관에 연락하세요.

무엇을 원하세요?
What do you want?
왓 두 유 원트

그만 두세요!
Stop it!
스타핏

잠깐! 뭘 하는 겁니까?
Hey! What are you doing?
헤이! 워라유 두잉

가까이 오지 마세요.!
Stay away from me!
스테이 어웨이 프럼 미

도와주세요!
Help me!
핼프 미

경찰 아저씨!
Police!
폴리스

 14 대화 다시듣기

A: 911 긴급구조대입니다.　　　　　　　　□ □ □
B: 도와주세요, 구덩이에 빠졌어요!

Unit 15 물건을 분실했을 때

>> 녹음을 듣고 소리내어 읽어보세요?

Mini Talk

A: Where have you lost it?

웨얼 햅 유 로슷 잇

어디서 잃어버렸나요?

B: I can't quite remember.

아이 캔트 콰잇 리멤버

기억이 가물가물해요.

Check Point!

해외여행 중에 무언가를 잃어버리면 참 대책 없죠. 귀중품 특히 여권을 잃어버렸을 때는 먼저 호텔의 경비담당이나 경찰에 신고를 하고 도난증명서를 발급받아야 해요. 재발행이나 보험을 청구할 때 필요하거든요. Where is the lost and found?(분실물 신고계가 어디죠?) / Please call the Korean Embassy.(한국대사관에 전화 좀 걸어 주세요)

Basic Expression

지갑을 잃어버렸어요.

I lost my wallet.

아이 로슷 마이 월릿

여권을 잃어버렸어요.

I have lost my passport.

아이 햅 로슷 마이 패스폿

그걸 어디서 잃어버렸는지 기억이 안 나요.

I don't remember where I left it.

아이 돈ㅌ 리멤버 웨어라이 렙트 잇

택시에 가방을 두고 내렸어요.

I left my bag in a taxi.

아이 렙트 마이 백 인 어 택시

이 근처에서 가방 하나 보셨어요?

Did you see a bag around here?

디쥬 씨 어 백 어라운 히얼

분실물 센터는 어디입니까?

Where is the lost and found?

웨어리즈 더 로슷 앤 파운드

▶ **15 대화 다시듣기**

A: 어디서 잃어버렸나요?　　　□ □ □
B: 기억이 가물가물해요.

212

Unit 16 도난당했을 때

>> 녹음을 듣고 소리내어 읽어보세요?

Mini Talk

A: My purse was stolen!

마이 펄스 워즈 스톨른

지갑을 도둑맞았어요!

B: Oh, report the card missing first.

오, 리폿 더 카드 미씽 퍼슷

어머나,

카드 분실 신고부터 하세요.

Check Point!

물건을 도둑맞거나 강도를 당했을 때는 경찰에 신고해야죠. Call the police, please.(경찰을 불러주세요)라고 부탁하든지 직접 경찰서에 가서 I have to report a theft.(도난 신고를 하려고요)라고 말해요. I was robbed of my bag in front of the hotel.(호텔 앞에서 가방을 털렸어요) / It is white and big.(크고 하얀색이에요) 등으로 상황과 도난당한 물건을 설명해요.

지갑을 잃어버렸어요.

I lost my purse.

아이 로스트 마이 펄스

도난신고를 하고 싶어요.

I'd like to report a theft.

아이드 라익 투 리폿 어 쎄프트

옷가방을 도난당했어요.

I had my suitcase stolen.

아이 햇 마이 슛케이스 스톨른

지갑을 소매치기 당한 것 같아요.

My wallet was taken by a pickpocket.

마이 월릿 워즈 테이큰 바이 어 픽포킷

소매치기야!

Pickpocket!

픽포킷

경찰을 불러 주세요.

Call the police!

콜 더 폴리스

 16 대화 다시듣기

A: 지갑을 도둑맞았어요!　　　□ □ □
B: 어머나, 카드 분실 신고부터 하세요.

Unit 17 교통사고가 났을 때

>> 녹음을 듣고 소리내어 읽어보세요?

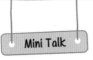

Mini Talk

A: There was a car accident.

데얼 워즈 어 카르 액시던트

교통사고가 있었어요.

B: When did it happen?

웬 디딧 해픈

언제 사고가 일어났습니까?

Check Point!

교통사고는 traffic accident, car accident, car crash(자동차끼리 충돌한 경우)라고 해요. 사고가 일어나면 먼저 경찰, 보험회사, 렌터카 회사에 연락합니다. I'm sorry.는 그냥 미안하다는 정도가 아니라 자기의 잘못을 인정한다는 의미가 포함되어 있으므로 교통사고가 난 상황에서는 쓰지 않는 게 좋아요. 사고증명서를 반드시 받아두어야 보험 청구를 할 수 있어요.

215

Basic Expression

오늘 아침에 교통사고를 당했어요.

I had a traffic accident this morning.

아이 해더 트래픽 액시던트 디스 모닝

제 탓이 아니에요.

It wasn't my fault.

잇 워즌트 마이 펄트

그의 차가 내 차 옆면을 들이받았어요.

His car hit the side of my car.

히즈 카ㄹ 힛 더 사이드 옵 마이 카ㄹ

내 차가 조금 찌그러졌어요.

My car has some dents.

마이 카ㄹ 해즈 썸 덴츠

보험 처리가 될까요?

Will the insurance cover it?

윌 디 인슈어런스 커버릿

구급차를 불러 주세요.

Please call an ambulance!

플리즈 콜 언 앰뷸런스

> ▶ 17 대화 다시듣기

A: 교통사고가 있었어요.   ☐ ☐ ☐
B: 언제 사고가 일어났습니까?

Unit 18 병원에서

>> 녹음을 듣고 소리내어 읽어보세요?

Mini Talk

A: Excuse me, where's the reception desk?

익스큐즈 미, 웨어즈 더 리셉션 데슥

실례합니다. 접수처가 어디 있어요?

B: Go up this way, it's on your right side.

고 업 디스 웨이, 잇츠 온 유얼
롸잇 사이드

이 길로 곧장 가시면
오른쪽에 있습니다.

Check Point!

외국에서 병원에 가려면 언어도 다르고 시스템도 다르고 보험체계도 다르고 정말 난감하죠. 진료과목 명칭은 내과 Internal Medicine, 산부인과 OB & Gyn, 안과 Ophthalmology, 소아과 Pediatrics, 정신과 Psychiatry, 치과 Dentistry, 성형외과 Plastic Surgery, 피부과 Dermatology, 정형외과 Orthopedics, 이비인후과 Otolaryngology/ENT 등이 있어요.

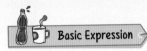

이 근처에 병원이 있습니까?
Is there a hospital near here?
이즈 데얼 어 하스피털 니어 히얼

병원으로 데려가 주세요.
Could you take me to a hospital, please?
쿠쥬 테익 미 투 어 하스피털, 플리즈

진료예약을 할 수 있을까요?
Can I make a doctor's appointment?
캔 아이 메이커 닥터스 어포인트먼트

외래환자 입구는 어디입니까?
Where's the entrance for out-patients?
웨얼즈 디 엔트런스 풔 아웃-페이션스

접수창구는 어디입니까?
Where's the reception desk?
웨얼즈 더 리셉션 데슥

진료실은 어디입니까?
Where's the doctor's office?
웨얼즈 더 닥터스 어피스

---

 18 대화 다시듣기

A: 실례합니다. 접수처가 어디 있어요?　　　□ □ □
B: 이 길로 곧장 가시면 오른쪽에 있습니다.

Unit 19 증세를 물을 때

>> 녹음을 듣고 소리내어 읽어보세요?

Mini Talk

A: Is something wrong with you?
이즈 썸씽 렁 윗 유

어디가 아프세요?

B: I have a headache.
아이 해버 헤드에익

머리가 아파요.

Check Point!

진찰을 받을 때는 의사가 물어보는 내용을 잘 이해하고 대답해야 해요. 병원에 가기 전에 What brings you here?(어떻게 오셨어요?) / What are your symptoms?(어디가 불편하세요?) / When did it start hurting.(언제부터 아팠어요?) / How dose it hurt?(어떻게 아프세요?) / Are you allergic to anything?(알레르기 있어요?) 등의 질문을 미리 알아두세요.

어디가 아파서 오셨습니까?
What brings you in?
왓 브링스 유 인

여기가 아픕니까?
Have you any pain here?
해뷰 애니 패인 히얼

어디가 아프세요?
Where do you have pain?
웨얼 두 유 햅 페인

이렇게 아픈지 얼마나 됐습니까?
How long have you had this pain?
하우 롱 해뷰 햇 디스 페인

또 다른 증상이 있습니까?
Do you have any other symptoms with it?
두 유 햅 애니 아더 심텀즈 위딧

오늘은 좀 어떠세요?
How do you feel today?
하우 두 유 필 투데이

---

19 대화 다시듣기

A: 어디가 아프세요?   ☐ ☐ ☐
B: 머리가 아파요.

220

Unit 20 증상을 설명할 때

>> 녹음을 듣고 소리내어 읽어보세요?

Mini Talk

A: How long have you been coughing?

하우 롱 해뷰 빈 코우칭

기침한 지 얼마나 됐어요?

B: Oh, about three days.

오, 어바웃 쓰리 데이즈

아, 한 사흘쯤 됐어요.

Check Point!

의사에게 증세를 설명하려면 미리 자신의 증세에 맞는 표현을 구체적으로 다양하게 준비해야 해요. I have a rash on my arm, and It's very itchy.(팔에 두드러기가 났는데 무척 간지러워요). a rash는 홍역이나 알레르기로 피부에 난 두드러기이고, 근질근질하고 가려운 것은 itchy예요. I have a stiff neck. (목이 뻐근해요) / I've lost my appetite.(식욕이 없어요)

어지러워요.

I feel dizzy.

아이 필 디지

구역질이 나요.

I feel nauseous.

아이 필 노지어스

식욕이 없어요.

I don't have any appetite.

아이 돈ㅌ 햅 애니 애퍼타잇

배탈이 났어요.

My stomach is upset.

마이 스터먹 이즈 업셋

눈이 피곤해요.

My eyes feel tired.

마이 아이즈 필 타이어드

콧물이 나요.

I have a runny nose.

아이 해버 러니 노우즈

---

 20 대화 다시듣기

A: 기침한 지 얼마나 됐어요? ☐ ☐ ☐
B: 아, 한 사흘쯤 됐어요.

Unit 21 아픈 곳을 말할 때

>> 녹음을 듣고 소리내어 읽어보세요?

Mini Talk

A: **My eyes get red and tired easily.**

마이 아이즈 겟 레드 앤 타이엇 이즐리

눈이 쉬 충혈되고 피곤해요.

B: **Put your forehead on here.**

풋 유얼 풔헤드 온 히얼

이마를 여기에 대세요.

Check Point!

ache는 headache(두통), toothache(치통)처럼 특정 신체 부위가 지속적으로 아프지만 심각하진 않은 통증을 말하고, pain은 ache보다 더 아프고 갑작스러워서 그냥 넘어갈 수 없는 통증을 말해요. 날카롭고 심한 고통은 a sharp pain, 약해서 견딜만한 고통은 a dull pain이에요. I ache all over.(온몸이 다 아파요) / I have chest pain.(가슴에 통증이 있어요)

223

머리가 아파요.

I have a headache.
아이 해버 헤드에익

눈이 따끔거려요.

My eyes feel sandy.
마이 아이즈 필 샌디

이가 아파요.

I have a toothache.
아이 해버 투쓰에익

목이 아파요.

I have a sore throat.
아이 해버 쏘어 쓰롯

무릎이 아파요.

I have a pain in my knee.
아이 해버 페인 인 마이 니

어깨가 뻐근해요.

My shoulders are stiff.
마이 숄더즈 알 스팁

---

 21 대화 다시듣기

A: 눈이 쉬 충혈되고 피곤해요. ☐ ☐ ☐
B: 이마를 여기에 대세요.

224

>> 녹음을 듣고 소리내어 읽어보세요?

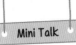
Mini Talk

A: **Have you ever had any serious problems?**

해뷰 에버 햇 애니 시리어스 프라블럼즈

큰 질병을 앓은 적이 있으세요?

B: **Yes, I had tuberculosis when I was a child.**

예스, 아이 햇 투버컬러시스
웬 아이 워즈 어 촤일드

네, 어릴 때에
결핵을 앓았습니다.

Check Point!

건강검진은 medical check-up이라고 해요. I'm here for a check-up.(건강 검진 받으러 왔어요) 주요 검사 항목은 physical examination(신체검사) / breast cancer screening(유방암 검사) / a blood test(혈액검사) / a urine test(소변검사) / gastroscopy(위 내시경) / colonoscopy(대장 내시경) / conscious sedation endoscopy(수면 내시경) 등이 있어요.

진찰해 봅시다.
Let me see.
렛 미 씨

누우세요.
Please lie down.
플리즈 라이 다운

체온을 재 봅시다.
Let's take your temperature.
렛츠 테익 유얼 템퍼러춰

혈압을 재 봅시다.
Let's take your blood pressure.
렛츠 테익 유얼 블러드 프레셔

목을 검사해 보겠습니다.
Let me examine your throat.
렛 미 이그재민 유얼 쓰롯

내려오세요.
Get down.
겟 다운

22 대화 다시듣기

A: 큰 질병을 앓은 적이 있으세요? ☐ ☐ ☐
B: 네, 어릴 때에 결핵을 앓았습니다.

Unit 23 입원 또는 퇴원할 때

>> 녹음을 듣고 소리내어 읽어보세요?

Mini Talk

A: **When can I leave the hospital?**

웬 캔 아이 리브 더 하스피털

언제 퇴원할 수 있죠?

B: **You'll be ready in a week.**

유일 비 레디 인 어 윅

일주일 후에는
퇴원해도 될 겁니다.

Check Point!

'병원에 입원하다'는 go into a hospital / enter a hospital / be hospitalized
라고 표현해요. 그냥 간단하게 I am hospitalized. / I am in the hospital. /
I stay in the hospital.라고 해도 되고요. '병원에서 퇴원하다'는 leave the
hospital / get out of the hospital, be discharged from the hospital이라
고 표현해요.

227

1인실로 주세요.
I want to have a private room.
아이 원투 해버 프리베잇 룸

공동 병실도 괜찮아요.
I'll be all right in a ward.
아일 비 올 롸잇 이너 워드

꼭 입원해야 한가요?
Do I have to go to the hospital?
두 아이 햅 투 고 투 더 하스피틀

얼마나 입원해야 해요?
How long will I have to be in the hospital?
하우 롱 윌 아이 햅 투 비 인 더 하스피틀

입원해도 보험이 적용될까요?
Will my insurance policy cover hospitalization?
윌 마이 인슈어런스 폴리시 커버 하스피틀라이제이션

언제 퇴원할 수 있죠?
When can I leave the hospital?
웬 캔 아이 리브 더 하스피틀

---

 23 대화 다시듣기

A: 언제 퇴원할 수 있죠?　　　　　　□ □ □
B: 일주일 후에는 퇴원해도 될 겁니다.

228

Unit 24 병문안할 때

>> 녹음을 듣고 소리내어 읽어보세요?

Mini Talk

A: **Please take care of yourself.**

플리즈 테익 케어롭 유어셀프

몸조리 잘 하세요.

B: **Thank you for coming by.**

땡큐 풔 커밍 바이

와줘서 고마워요.

Check Point!

누가 병원에 입원했다는 소식을 들으면 마음이 편치 않아요. 요즘은 병문안
이 오히려 환자에게 폐가 된다는 인식 때문에 아주 가까운 사람이 아니면 문
자ㅏ이메일, SNS 등으로 병문안을 하는 추세예요. get better/get well(낫다,
쾌유하다)를 써서, I am sorry to hear that you are not feeling well. Get
well soon!(편찮으시다면서요? 빨리 회복하세요!)라고 위로하세요.

Basic Expression

면회 시간은 언제죠?

What time are visiting hours?

왓 타임 알 비짓팅 아워즈

외과 병동은 어디 있어요?

Where is the surgical ward?

웨어리즈 더 서지컬 워드

생각보다 건강해 보이네요.

You look better than I expected.

유 룩 배러 댄 아이 익스펙팃

틀림없이 곧 완쾌될 겁니다.

I'm sure you'll be completely cured.

아임 슈얼 유일 비 컴플리틀리 큐어드

편하게 생각하고 푹 쉬세요.

Just take everything easy and relax.

저슷 테익 애브리씽 이지 앤 릴렉스

몸조리 잘 하세요.

Please take good care of yourself.

플리즈 테익 굿 케어롭 유어셀프

▶ **24 대화 다시듣기**

A: 몸조리 잘 하세요. ☐ ☐ ☐
B: 와줘서 고마워요.

>> 녹음을 듣고 소리내어 읽어보세요?

Mini Talk

A: How many times a day should I take this?

하우 매니 타임즈 어 데이 슈다이 테익 디스

하루에 몇 번 먹어요?

B: You should take it every four hours.

유 슈드 테익 잇 애브리 풔 아워즈

4시간마다 드세요.

Check Point!

약국은 pharmacy와 drugstore 두 종류가 있는데, 영국이나 미국의 약국은 보통 마트 안에 있어요. pharmacy는 약과 의약품을 조제하고 판매하는 곳, 즉 우리식 약국이에요. drugstore는 의약품뿐만 아니라 신문, 캔디, 비누 등의 여러 가지 상품을 함께 파는 약국이에요. 처방전이 필요 없는 종류의 약, 응급상자용 비상약품은 모두 이곳에서 구입할 수 있어요.

231

Basic Expression

이 약은 처방전이 필요합니까?

Is this a prescription drug?

이즈 디즈 어 프리스크립션 드럭

이 처방전을 조제해 주시겠어요?

Would you make up this prescription, please?

우쥬 메이컵 디스 프리스크립션, 플리즈

붕대와 거즈 주세요.

I'd like some bandages and gauze.

아이드 라익 썸 밴디쥐즈 앤 거즈

감기약 주세요.

I'd like some medicine for the cold.

아이드 라익 썸 메디슨 풔 더 콜드

여기 진통제가 들어 있습니까?

Is there any pain-killer in this?

이즈 데얼 애니 페인-킬러 인 디스

이 약을 먹으면 통증이 가라앉을까요?

Will this medicine relieve my pain?

윌 디스 메더슨 릴리브 마이 페인

▶ 25 대화 다시듣기

A: 하루에 몇 번 먹어요? ☐ ☐ ☐

B: 4시간마다 드세요.

232

✱ 앞에서 배운 대화 내용입니다. 한글을 영어로 말해보세요. 잘 모르시겠다고요? 걱정마세요. 녹음이 있잖아요. 그리고 정답은 각 유닛에서 확인하세요.

01 A: 여보세요. 제인 있어요?
   B: **Yes, speaking.**

02 A: **Hello, This is Jane calling for Tom.**
   B: 미안하지만 지금 없는데요.

03 A: 전화 드리라고 할까요?
   B: **Yes, please. My name is Jane Austen.**

04 A: 오늘 만날 수 있을까요?
   B: **I can't make it today, How about tomorrow?**

05 A: **Jane, why don't we have a drink after work?**
   B: 좋아요.

06 A: 오늘밤에 저와 저녁식사 하실래요?
   B: **I'd love to. Where shall we meet?**

07 A: **We're having a party tonight. Can you come?**
   B: 그럼. 꼭 갈게.

08 A: 제가 너무 일찍 왔나요?
   B: **No, Alan and Emily are already here.**

09 A: 편하게 계세요.
   B: **Thank you. I feel at home already.**

10 A: **Would you like some more dessert?**
   B: 고맙지만 배불러요.

11 A: 정말 즐거웠어요. **Thank you.**
   B: **Oh, the pleasure was all mine.**

12 A: **What's wrong with you?**
   B: 죽을 지경이에요.

13 A: 영어하세요?
   B: **I don't speak English well.**

14 A: **911 emergency Services.**
   B: 도와주세요, **I'm in the pit!**

15 A: 어디서 잃어버렸나요?
   B: **I can't quite remember.**

16 A: 지갑을 도둑맞았어요!

   B: **Oh, report the card missing first.**

17 A: 교통사고가 있었어요.
   B: **When did it happen?**

18 A: **Excuse me,** 접수처가 어디 있어요?
   B: **Go up this way, it's on your right side.**

19 A: 어디가 아프세요?
   B: **I have a headache.**

20 A: 기침한 지 얼마나 됐어요?
   B: **Oh, about three days.**

21 A: 눈이 쉬 충혈되고 피곤해요.
   B: **Put your forehead on here.**

22 A: 큰 질병을 앓은 적이 있으세요?
   B: **Yes, I had tuberculosis when I was a child.**

23 A: 언제 퇴원할 수 있죠?
   B: **You'll be ready in a week.**

24 A: 몸조리 잘 하세요.
   B: **Thank you for coming by.**

25 A: 하루에 몇 번 먹어요?
   B: **You should take it every four hours.**

부록

Wow!

Word

회화를 위한 기본단어

■ 수 numbers

☐ **one** 1
☐ **two** 2
☐ **three** 3
☐ **four** 4
☐ **five** 5
☐ **six** 6
☐ **seven** 7
☐ **eight** 8
☐ **nine** 9
☐ **ten** 10
☐ **eleven** 11
☐ **twelve** 12
☐ **thirteen** 13
☐ **fourteen** 14
☐ **fifteen** 15
☐ **sixteen** 16
☐ **seventeen** 17
☐ **eighteen** 18
☐ **nineteen** 19
☐ **twenty** 20
☐ **thirty** 30
☐ **forty** 40
☐ **fifty** 50
☐ **sixty** 60
☐ **seventy** 70
☐ **eighty** 80
☐ **ninety** 90

☐ **one hundred** 100
☐ **one thousand** 1,000
☐ **ten thousand** 10,000
☐ **first** 첫째
☐ **second** 둘째
☐ **third** 셋째
☐ **fourth** 넷째
☐ **fifth** 다섯째
☐ **sixth** 여섯째
☐ **seventh** 일곱째
☐ **eighth** 여덟째
☐ **ninth** 아홉째
☐ **tenth** 열째

■ 주 week

☐ **Sunday** 일요일
☐ **Monday** 월요일
☐ **Tuesday** 화요일
☐ **Wednesday** 수요일
☐ **Thursday** 목요일
☐ **Friday** 금요일
☐ **Saturday** 토요일

■ 월 month

☐ **January** 1월
☐ **February** 2월
☐ **March** 3월
☐ **April** 4월

- ☐ May 5월
- ☐ June 6월
- ☐ July 7월
- ☐ August 8월
- ☐ September 9월
- ☐ October 10월
- ☐ November 11월
- ☐ December 12월

■ 형태 shape

- ☐ line 선
- ☐ dot 점
- ☐ triangle 삼각형
- ☐ square 정사각형
- ☐ rectangle 직사각형
- ☐ diamond 마름모
- ☐ pentagon 오각형
- ☐ circle 원
- ☐ oval 타원형
- ☐ cube 정육면체
- ☐ sphere 구, 공 모양
- ☐ cone 원뿔
- ☐ cylinder 원통형
- ☐ pyramid 피라미드
- ☐ ring 반지 모양
- ☐ star 별 모양
- ☐ heart 하트 모양

■ 신체 body

- ☐ head 머리
- ☐ hair 머리칼
- ☐ forehead 이마
- ☐ face 얼굴
- ☐ eyebrow 눈썹
- ☐ eye 눈
- ☐ ear 귀
- ☐ nose 코
- ☐ cheek 볼, 뺨
- ☐ mouth 입
- ☐ tooth 이
- ☐ lip 입술
- ☐ tongue 혀
- ☐ chin 턱
- ☐ neck 목
- ☐ shoulder 어깨
- ☐ chest 가슴
- ☐ stomach 배
- ☐ back 등허리
- ☐ bottom 엉덩이
- ☐ arm 팔
- ☐ elbow 팔꿈치
- ☐ wrist 손목
- ☐ hand 손
- ☐ finger 손가락
- ☐ thumb 엄지손가락
- ☐ palm 손바닥

- [ ] **fingernail** 손톱
- [ ] **leg** 다리
- [ ] **knee** 무릎
- [ ] **ankle** 발목
- [ ] **foot** 발
- [ ] **heel** 발뒤꿈치
- [ ] **toe** 발가락

■ 가족 family

- [ ] **grandfather** 할아버지
  = grandpa
- [ ] **grandmother** 할머니
  = grandma
- [ ] **father** 아버지 = daddy, dad
- [ ] **mother** 어머니
  = mommy, mom
- [ ] **uncle** 삼촌, 숙부, 고모부, 이모부
- [ ] **aunt** 숙모, 고모, 이모
- [ ] **brother** 형, 오빠, 남동생
- [ ] **sister** 누나, 언니, 여동생
- [ ] **cousin** 사촌 형제
- [ ] **son** 아들
- [ ] **daughter** 딸
- [ ] **grandson** 손자
- [ ] **granddaughter** 손녀
- [ ] **grandchild** 손자, 손녀
- [ ] **baby** 아기

- [ ] **nephew** 남조카
- [ ] **niece** 여조카

■ 집 house

- [ ] **living room** 거실
- [ ] **bedroom** 침실
- [ ] **kitchen** 주방
- [ ] **dining room** 식당
- [ ] **bathroom** 화장실
- [ ] **attic** 다락방
- [ ] **yard** 마당
- [ ] **gate** 대문
- [ ] **fence** 담, 울타리
- [ ] **garden** 정원
- [ ] **upstairs** 위층
- [ ] **downstairs** 아래층
- [ ] **basement** 지하실
- [ ] **roof** 지붕
- [ ] **chimney** 굴뚝
- [ ] **ceiling** 천장
- [ ] **wall** 벽
- [ ] **floor** 마루, 바닥
- [ ] **door** 문
- [ ] **window** 창문
- [ ] **stairs** 계단
- [ ] **garage** 차고
- [ ] **car** 자동차
- [ ] **bicycle** 자전거

- [ ] tricycle 세발자전거
- [ ] lawn mower 잔디깎기

거실 living room

- [ ] picture 그림
- [ ] curtain 커튼
- [ ] shade 햇빛가리개
- [ ] blind 블라인드
- [ ] vase 꽃병
- [ ] vacuum cleaner 진공청소기
- [ ] washer 세탁기 = washing machine
- [ ] bookcase 책장
- [ ] switch 전기스위치
- [ ] shelf 선반
- [ ] TV 텔레비전
- [ ] VCR 비디오
- [ ] stereo system 오디오 = sound system
- [ ] couch 소파 = sofa
- [ ] armchair 안락의자
- [ ] light 전등
- [ ] telephone 전화
- [ ] coffee table 탁자
- [ ] piano 피아노
- [ ] rug 양탄자
- [ ] lamp 전등

- [ ] fan 선풍기
- [ ] air conditioner 에어컨
- [ ] flashlight 회중전등 = torch
- [ ] iron 다리미
- [ ] candle 양초
- [ ] match 성냥
- [ ] pig bank 돼지저금통
- [ ] newspaper 신문
- [ ] magazine 잡지

침실 bedroom

- [ ] closet 벽장
- [ ] wardrobe 옷장
- [ ] hanger 옷걸이
- [ ] bed 침대
- [ ] blanket 담요
- [ ] pillow 베개
- [ ] sheet 시트
- [ ] slipper 슬리퍼
- [ ] CD-player CD플레이어
- [ ] cassette player 카세트 플레이어
- [ ] computer 컴퓨터
- [ ] monitor 모니터
- [ ] keyboard 자판
- [ ] mouse 마우스
- [ ] printer 프린터

- [ ] **alarm clock** 자명종시계
- [ ] **toy chest** 장난감상자
- [ ] **puppet** 꼭두각시인형
- [ ] **ball** 공
- [ ] **dice** 주사위
- [ ] **toy** 장난감
- [ ] **jump rope** 줄넘기
- [ ] **balloon** 풍선
- [ ] **teddy bear** 곰인형
- [ ] **doll** 인형
- [ ] **yo-yo** 요요
- [ ] **magnet** 자석
- [ ] **puzzle** 그림맞추기
  = jigsaw puzzle
- [ ] **whistle** 호루라기
- [ ] **top** 팽이
- [ ] **blocks** 블록
- [ ] **drum** 북
- [ ] **marble** 구슬

■ 화장실 bathroom

- [ ] **sink** 세면대
- [ ] **bathtub** 욕조
- [ ] **shower** 샤워기
- [ ] **tap** 수도꼭지 = faucet
- [ ] **perfume** 향수
- [ ] **toilet** 변기
- [ ] **bath mat** 매트

- [ ] **mirror** 거울
- [ ] **shampoo** 샴푸
- [ ] **toilet paper** 화장지
- [ ] **body lotion** 바디로션
- [ ] **toothpaste** 치약
- [ ] **toothbrush** 칫솔
- [ ] **soap** 비누
- [ ] **towel** 수건
- [ ] **comb** 빗
- [ ] **rinse** 린스

■ 주방 kitchen

- [ ] **table** 식탁
- [ ] **chair** 의자
- [ ] **refrigerator** 냉장고
- [ ] **freezer** 냉동고
- [ ] **kitchen sink** 싱크대
- [ ] **cupboard** 찬장
- [ ] **microwave oven**
  전자레인지
- [ ] **range** 가스레인지 = stove
- [ ] **garbage can**
  쓰레기 통 = waste bin
- [ ] **sponge** 스펀지
- [ ] **blender** 믹서
- [ ] **toaster** 토스터
- [ ] **kettle** 주전자
- [ ] **opener** 병따개

- □ **spoon** 숟가락
- □ **fork** 포크
- □ **knife** 칼
- □ **frying pan** 프라이팬
- □ **pot** 냄비
- □ **glass** 유리컵
- □ **cup** 컵
- □ **saucer** 잔받침
- □ **mug** 머그잔
- □ **dish** 접시 = plate
- □ **dish towel** 행주
- □ **apron** 앞치마
- □ **bowl** 그릇, 사발
- □ **can** 통조림 캔
- □ **bottle** 병
- □ **butter** 버터
- □ **milk** 우유
- □ **flour** 밀가루
- □ **sugar** 설탕
- □ **salt** 소금
- □ **cheese** 치즈
- □ **egg** 달걀
- □ **cereal** 시리얼
- □ **juice** 주스
- □ **jam** 잼
- □ **bread** 빵

■ 색깔 color

- □ **red** 빨강
- □ **orange** 주황
- □ **yellow** 노랑
- □ **green** 초록
- □ **blue** 파랑
- □ **purple** 보라
- □ **brown** 갈색
- □ **light blue** 하늘색
- □ **light green** 연녹색
- □ **black** 검정색
- □ **white** 흰색
- □ **gray** 회색
- □ **pink** 분홍
- □ **violet** 제비꽃색
- □ **tan** 황갈색
- □ **navy blue** 감청색
- □ **sky blue** 하늘색

■ 교실 classroom

- □ **teacher** 선생님
- □ **student** 학생
- □ **board** 칠판
- □ **flag** 깃발
- □ **bulletin board** 게시판
- □ **globe** 지구본
- □ **map** 지도

- [ ] calendar 달력
- [ ] wastepaper basket 휴지통
- [ ] desk 책상
- [ ] chair 의자
- [ ] pencil sharpener 연필깎이
- [ ] eraser 지우개
- [ ] rubber 고무지우개
- [ ] chalk 분필
- [ ] calculator 계산기
- [ ] ruler 자
- [ ] pen 펜
- [ ] pencil 연필
- [ ] pencil case 필통
- [ ] book 책
- [ ] textbook 교과서
- [ ] notebook 공책
- [ ] crayon 크레용
- [ ] glue 접착제
- [ ] paste 풀
- [ ] scissors 가위
- [ ] paper 종이
- [ ] easel 이젤
- [ ] paintbrush 그림붓
- [ ] paint 물감

■ 동물원 ZOO

- [ ] animal 동물
- [ ] fox 여우
- [ ] wolf 늑대
- [ ] deer 사슴
- [ ] camel 낙타
- [ ] ostrich 타조
- [ ] giraffe 기린
- [ ] elephant 코끼리
- [ ] zebra 얼룩말
- [ ] hippo 하마 = hippopotamus
- [ ] lion 사자
- [ ] tiger 호랑이
- [ ] bear 곰
- [ ] koala 코알라
- [ ] panda 판다
- [ ] gorilla 고릴라
- [ ] kangaroo 캥거루
- [ ] monkey 원숭이
- [ ] tortoise 육지거북
- [ ] snake 뱀
- [ ] crocodile 악어
- [ ] cheetah 치타
- [ ] leopard 표범
- [ ] rhino 코뿔소 = rhinoceros
- [ ] squirrel 다람쥐
- [ ] rabbit 토끼
- [ ] hamster 햄스터

- iguana 이구아나
- frog 개구리
- whale 고래
- dolphin 돌고래
- turtle 바다거북
- penguin 펭귄
- seal 물개
- crab 게
- shark 상어
- octopus 낙지
- squid 오징어
- lobster 바다가재
- shrimp 새우
- horse 말
- pig 돼지
- sheep 양
- lamb 새끼 양
- goat 염소
- shell 조개
- bird 새
- bat 박쥐
- crow 까마귀
- parrot 앵무새
- swan 백조
- sea gull 갈매기
- swallow 제비
- peacock 공작
- pigeon 비둘기 = dove

- duck 오리
- hen 암탉
- cock 수탉 = rooster
- chicken 병아리
- dog 개
- butterfly 나비
- ant 개미
- spider 거미
- dragonfly 잠자리
- caterpillar 쐐기 애벌레
- bee 벌
- ladybird 무당벌레 = ladybug
- worm 벌레
- cow 소
- calf 송아지
- puppy 강아지
- cat 고양이
- kitten 새끼 고양이
- mouse 생쥐
- rat 쥐

공원 park

- flower 꽃
- tree 나무
- grass 잔디
- bench 벤치
- fountain 분수
- rest rooms 화장실

243

- [ ] **drinking fountain**
분수식 수도
- [ ] **playground** 운동장
- [ ] **seesaw** 시소
- [ ] **swing** 그네
- [ ] **merry-go-round** 회전목마
- [ ] **slide** 미끄럼틀
- [ ] **sand box** 모래터
- [ ] **hopscotch** 돌차기 놀이
- [ ] **hide and seek** 술래잡기
- [ ] **jump rope** 줄넘기
- [ ] **tricycle** 세발자전거
- [ ] **bicycle** 자전거
- [ ] **volleyball** 배구공
- [ ] **basketball** 농구공
- [ ] **helmet** 헬멧
- [ ] **football** 축구공
- [ ] **baseball bat** 야구방망이
- [ ] **baseball** 야구공
- [ ] **mitt** 포수용 야구장갑
- [ ] **glove** 야구장갑
- [ ] **kite** 연
- [ ] **model airplane**
모형비행기
- [ ] **skateboard** 스케이트보드
- [ ] **roller skate** 롤러스케이트
- [ ] **roller blade** 롤러블레이드

■ 계절 season / 날씨 weather

- [ ] **season** 계절
- [ ] **spring** 봄
- [ ] **summer** 여름
- [ ] **fall** 가을 = autumn
- [ ] **winter** 겨울
- [ ] **hot** 더운
- [ ] **warm** 따뜻한
- [ ] **cool** 선선한
- [ ] **chilly** 으스스한
- [ ] **cold** 추운
- [ ] **freezing** 어는, 몹시 추운
- [ ] **weather** 날씨, 기후
- [ ] **sunny** 화창한, 맑게 갠
- [ ] **clear** 맑은
- [ ] **cloudy** 흐린, 구름 낀
- [ ] **wet** 축축한, 비 내리는
- [ ] **drizzly** 가랑비 내리는
- [ ] **rainy** 비가 오는
- [ ] **windy** 바람 부는
- [ ] **stormy** 폭풍우가 부는
- [ ] **snowy** 눈이 내리는
- [ ] **sleety** 진눈깨비가 오는
- [ ] **foggy** 안개가 자욱한
- [ ] **shower** 소나기
- [ ] **lightning** 번개
- [ ] **thunder** 천둥, 천둥치다
- [ ] **rain** 비, 비가 오다

- [ ] **drizzle** 이슬비, 이슬비가 내리다
- [ ] **snow** 눈, 눈이 오다
- [ ] **sleet** 진눈깨비, 진눈깨비가 오다
- [ ] **cloud** 구름

■ 도시 city

- [ ] **highway** 간선도로
- [ ] **freeway** 고속도로
- [ ] **tunnel** 터널
- [ ] **bridge** 다리
- [ ] **airport** 공항
- [ ] **harbor** 항구
- [ ] **train station** 기차역
- [ ] **subway station** 지하철역
- [ ] **bus terminal** 버스터미널
- [ ] **bus stop** 버스정류장
- [ ] **taxi stand** 택시승차장
- [ ] **overhead bridge** 육교
- [ ] **underpass** 지하도
- [ ] **intersection** 교차로
- [ ] **parking lot** 주차장
- [ ] **sidewalk** 인도, 보도
- [ ] **street** 차도, 거리
- [ ] **crosswalk** 횡단보도
- [ ] **steps** 계단
- [ ] **road sign** 거리표지판

- [ ] **trash can** 쓰레기통
- [ ] **corner** 길모퉁이
- [ ] **street light** 가로등
- [ ] **mailbox** 우체통
- [ ] **traffic light** 신호등
- [ ] **telephone booth** 공중전화부스
- [ ] **library** 도서관
- [ ] **school** 학교
- [ ] **bank** 은행
- [ ] **park** 공원
- [ ] **fire station** 소방서
- [ ] **office building** 사무실 빌딩
- [ ] **post office** 우체국
- [ ] **police station** 경찰서
- [ ] **hospital** 병원
- [ ] **hotel** 호텔
- [ ] **movie theater** 영화관
- [ ] **museum** 박물관
- [ ] **gas station** 주유소 = service station
- [ ] **department store** 백화점
- [ ] **supermarket** 슈퍼마켓
- [ ] **convenience store** 편의점
- [ ] **discount store** 할인점
- [ ] **newsstand** 신문가판대
- [ ] **street vendor** 노점상
- [ ] **bakery** 제과점

- [ ] **barber shop** 이발소
- [ ] **child-care center** 육아원
- [ ] **cleaners** 세탁소
  = dry cleaners
- [ ] **coffee shop** 다방
- [ ] **drug store** 잡화점
- [ ] **pharmacy** 약국
- [ ] **florist shop** 꽃가게
  = flower shop
- [ ] **grocery store** 식료품점
- [ ] **hair salon** 미용실
- [ ] **hardware store** 철물점
- [ ] **ice cream shop** 아이스크림 가게
- [ ] **book store** 책방
- [ ] **fast food restaurant** 간이식품점
- [ ] **music store** 음반판매점
- [ ] **pet shop** 애완동물 가게
- [ ] **restaurant** 음식점
- [ ] **shoe store** 제화점
- [ ] **toy store** 장난감 가게
- [ ] **video store** 비디오 가게
- [ ] **eyeglass store** 안경점
  = vision center

■ 교통수단 transportation

- [ ] **bus** 버스
- [ ] **truck** 트럭
- [ ] **taxi** 택시
- [ ] **train** 기차, 열차
- [ ] **subway** 지하철
- [ ] **limousine** 리무진
- [ ] **helicopter** 헬리콥터
- [ ] **airplane** 비행기
- [ ] **van** 승합차
- [ ] **car** 승용차
- [ ] **boat** 보트
- [ ] **shuttle bus** 셔틀버스
- [ ] **ship** 배, 선박
- [ ] **motorcycle** 오토바이
- [ ] **fire engine** 소방차
- [ ] **ambulance** 구급차
- [ ] **police car** 경찰차
- [ ] **submarine** 잠수함

■ 과일 fruits / 야채 vegetables

- [ ] **fruit** 과일
- [ ] **vegetable** 채소
- [ ] **cherry** 체리
- [ ] **tomato** 토마토
- [ ] **strawberry** 딸기
- [ ] **watermelon** 수박
- [ ] **pineapple** 파인애플
- [ ] **apple** 사과
- [ ] **pear** 배

- [ ] orange 오렌지
- [ ] peach 복숭아
- [ ] lemon 레몬
- [ ] banana 바나나
- [ ] potato 감자
- [ ] celery 샐러리
- [ ] bean 콩
- [ ] pumpkin 호박
- [ ] mushroom 버섯
- [ ] eggplant 가지
- [ ] cabbage 양배추
- [ ] grape 포도
- [ ] carrot 당근
- [ ] lettuce 상추
- [ ] corn 옥수수
- [ ] green pepper 피망
- [ ] onion 양파
- [ ] cucumber 오이
- [ ] spinach 시금치
- [ ] broccoli 브로콜리
- [ ] garlic 마늘
- [ ] chili 칠리고추

■ 옷 clothes

- [ ] clothes 옷, 의류
- [ ] coat 외투
- [ ] suit 옷 한 벌
- [ ] dress 의복, 드레스

- [ ] jacket 재킷
- [ ] sweater 스웨터
- [ ] vest 조끼
- [ ] blouse 블라우스
- [ ] T-shirt T셔츠
- [ ] shirt 셔츠
- [ ] jeans 청바지 = blue jeans
- [ ] pants 바지
- [ ] shorts 반바지
- [ ] skirt 치마
- [ ] swimsuit 수영복
- [ ] underwear 속옷
- [ ] sweatshirt 운동복
- [ ] raincoat 비옷

■ 장신구 personal ornaments

- [ ] boots 부츠
- [ ] sneakers 운동화
- [ ] shoes 신발
- [ ] stockings 스타킹
- [ ] socks 양말
- [ ] tie 넥타이
- [ ] handkerchief 손수건
- [ ] belt 벨트
- [ ] wallet 지갑
- [ ] change purse 동전지갑
- [ ] purse 손가방 = handbag
- [ ] shoulder bag 배낭

- □ book bag 책가방
- □ backpack 등에 매는 가방
- □ umbrella 우산
- □ watch 손목시계 = wrist watch
- □ ring 반지
- □ earings 귀걸이
- □ necklace 목걸이
- □ sunglasses 선글라스
- □ key chain 열쇠고리
  = key ring

■ 직업 occupation

- □ farmer 농부
- □ fisherman 어부
- □ teacher 교사
- □ doctor 의사
- □ nurse 간호사
- □ dentist 치과의사
- □ factory-worker 공장 근로자
- □ office-worker 사무직 근로자
- □ reporter 기자
- □ lawyer 변호사
- □ pilot 비행기 조종사
- □ stewardess 스튜어디스
- □ postman 우편배달부
- □ police officer 경찰관
- □ fire fighter 소방수
- □ soldier 군인
- □ scientist 과학자
- □ bank teller 은행원
- □ actor 배우
- □ actress 여배우
- □ artist 미술가
- □ secretary 비서
- □ salesperson 판매원
- □ taxi driver 택시기사
- □ bus driver 버스운전기사
- □ barber 이발사
- □ butcher 정육점 주인
- □ cook 요리사
- □ hairdresser 미용사
- □ housekeeper 파출부
- □ waiter 웨이터, 급사
- □ waitress 웨이트리스, 여급사
- □ janitor 수위

■ 음식 food

- □ hot dog 핫도그
- □ sandwich 샌드위치
- □ hamburger 햄버거
- □ french fries 감자튀김
- □ pizza 피자
- □ chicken 닭고기
- □ spaghetti 스파게티

- [ ] **meatball** 미트볼
- [ ] **steak** 스테이크
- [ ] **fish** 생선
- [ ] **rice** 쌀밥
- [ ] **potatoes** 감자
- [ ] **egg** 달걀
- [ ] **salad** 샐러드
- [ ] **cake** 케이크
- [ ] **soup** 수프
- [ ] **ketchup** 케첩
- [ ] **mustard** 겨자
- [ ] **salt** 소금
- [ ] **pepper** 후추
- [ ] **drink** 음료
- [ ] **soda** 탄산음료
- [ ] **bread** 빵
- [ ] **coke** 콜라
- [ ] **tea** 홍차
- [ ] **coffee** 커피
- [ ] **juice** 주스
- [ ] **water** 물
- [ ] **milk** 우유
- [ ] **jelly** 젤리
- [ ] **ice cream** 아이스크림
- [ ] **candy** 사탕
- [ ] **chocolate** 초콜릿
- [ ] **peanut** 땅콩

■ 천체 **heavenly body** / 자연 **nature**

- [ ] **universe** 우주
- [ ] **sun** 태양
- [ ] **moon** 달
- [ ] **star** 별
- [ ] **Mercury** 수성
- [ ] **Venus** 금성
- [ ] **Earth** 지구
- [ ] **Mars** 화성
- [ ] **Jupiter** 목성
- [ ] **Saturn** 토성
- [ ] **satellite** 인공위성
- [ ] **astronaut** 우주비행사
- [ ] **rocket** 로켓
- [ ] **space shuttle** 우주왕복선
- [ ] **U.F.O.** 미확인 비행물체
- [ ] **nature** 자연
- [ ] **sky** 하늘
- [ ] **land** 육지
- [ ] **sea** 바다
- [ ] **field** 들판
- [ ] **hill** 언덕
- [ ] **mountain** 산
- [ ] **forest** 숲
- [ ] **valley** 계곡
- [ ] **cliff** 절벽
- [ ] **island** 섬
- [ ] **beach** 해안

- river 강
- stream 시내, 개울
- lake 호수
- pond 연못
- waterfall 폭포
- rock 바위
- animal 동물
- plant 식물
- fish 물고기
- bird 새
- tree 나무
- leaf 나뭇잎
- flower 꽃
- cloud 구름
- rain 비
- snow 눈
- wind 바람
- wave 파도
- air 공기
- water 물
- ice 얼음

학과목 subject

- art 미술
- mathematics 수학
- English 영어
- French 불어
- Spanish 스페인어
- chemistry 화학
- biology 생물
- geography 지리
- history 역사
- music 음악
- law 법
- physical education 체육
- science 과학
- Korean 국어
- physics 물리
- economics 경제

스포츠 sports

- baseball 야구
- softball 소프트볼
- basketball 농구
- American football 미식축구
- volleyball 배구
- handball 핸드볼
- soccer 축구
- skiing 스키
- skating 스케이팅
- swimming 수영
- jogging 조깅
- cycling 사이클링
- bowling 볼링
- golf 골프

- □ tennis 테니스
- □ squash 스쿼시
- □ hockey 하키
- □ table tennis 탁구
  = ping pong
- □ badminton 배드민턴
- □ boxing 권투
- □ wrestling 레슬링

■ 병의 증상 sickness

- □ headache 두통
- □ earache 귀아픔
- □ toothache 치통
- □ stomachache 배탈
- □ backache 요통
- □ cold 감기 = flu
- □ fever 열, 미열
- □ cough 기침
- □ runny nose 콧물
- □ bloody nose 코피
- □ sick 멀미, 메스꺼움
- □ itchy 가려움
- □ sneeze 재채기
- □ cut 벤 상처
- □ scratch 긁힌 상처
- □ burn 화상
- □ dizzy 어지러운
- □ pain 아픔, 통증

■ 기본 형용사 Basic Adjective

- □ tall 키 큰
- □ short 키 작은, 짧은
- □ thin 여윈, 마른
- □ fat 살찐, 뚱뚱한
- □ long 긴
- □ heavy 무거운
- □ light 가벼운
- □ thick 두꺼운
- □ thin 얇은
- □ strong 강한, 튼튼한
- □ weak 약한
- □ large 큰 = big
- □ small 크기나 체구가 작은
- □ little 작은, 어린
- □ high 높은
- □ low 낮은
- □ loose 헐렁한
- □ tight 꼭 끼는
- □ fast 빠른
- □ slow 느린
- □ wide 넓은
- □ narrow 좁은
- □ dark 어두운
- □ light 밝은
- □ new 새것의
- □ old 오래된, 나이든
- □ young 젊은, 어린

- [ ] **good** 좋은
- [ ] **bad** 나쁜
- [ ] **hot** 뜨거운, 더운
- [ ] **cold** 차가운, 추운
- [ ] **soft** 연한, 부드러운
- [ ] **hard** 딱딱한
- [ ] **easy** 쉬운
- [ ] **difficult** 어려운 = hard
- [ ] **clean** 깨끗한
- [ ] **dirty** 더러운
- [ ] **noisy** 시끄러운
- [ ] **quiet** 조용한
- [ ] **rich** 부유한
- [ ] **poor** 가난한
- [ ] **beautiful** 아름다운
- [ ] **pretty** 예쁜
- [ ] **handsome** 잘 생긴
- [ ] **ugly** 추한
- [ ] **full** 가득 찬
- [ ] **empty** 빈
- [ ] **open** 열린
- [ ] **closed** 닫힌
- [ ] **expensive** 값비싼
- [ ] **cheap** 싼
- [ ] **dry** 마른
- [ ] **wet** 젖은
- [ ] **happy** 행복한
- [ ] **sad** 슬픈

- [ ] **left** 왼쪽의
- [ ] **right** 오른쪽의
- [ ] **awake** 깨어있는
- [ ] **asleep** 잠자는
- [ ] **right** 올바른, 맞는
- [ ] **wrong** 틀린
- [ ] **hungry** 배고픈
- [ ] **full** 배부른
- [ ] **thirsty** 목마른
- [ ] **healthy** 건강한
- [ ] **ill** 아픈, 병든
- [ ] **sick** 아픈, 병든, 매스꺼운, 멀미가 나는
- [ ] **exciting** 흥미진진한
- [ ] **interesting** 재미있는, 흥미있는
- [ ] **bored** 지루한
- [ ] **sleepy** 졸린
- [ ] **tired** 피곤한, 지친
- [ ] **angry** 화난 = mad
- [ ] **surprised** 놀란
- [ ] **worried** 걱정하는
- [ ] **scared** 무서운, 두려운 = afraid

■ 기본 동사 **Basic Verb**

- [ ] **study** 공부하다
- [ ] **read** 읽다

- [ ] write 쓰다
- [ ] sing 노래하다
- [ ] practice 연습하다
- [ ] draw 그리다
- [ ] paint 색칠하다
- [ ] fold 접다
- [ ] paste 풀칠하다
- [ ] bend 구부리다
- [ ] listen 귀 기울여 듣다
- [ ] hear 듣다, 들리다
- [ ] look 보다
- [ ] see 보다, 보이다
- [ ] watch 살펴보다
- [ ] smell 냄새 맡다
- [ ] feel 느끼다
- [ ] talk 말하다
- [ ] cut 자르다
- [ ] say 말하다
- [ ] speak 말하다
- [ ] repeat 따라하다
- [ ] shout 소리치다
- [ ] cry 울다
- [ ] laugh 웃다
- [ ] smile 미소 짓다
- [ ] eat 먹다
- [ ] drink 마시다
- [ ] taste 맛보다
- [ ] bite 물다, 물어뜯다
- [ ] kiss 입 맞추다
- [ ] whistle 휘파람불다
- [ ] yawn 하품하다
- [ ] blow 불다
- [ ] walk 걷다
- [ ] run 뛰다
- [ ] jump 펄쩍 뛰다
- [ ] hop 한발로 깡충 뛰다
- [ ] kick 차다
- [ ] kneel 무릎 꿇다
- [ ] skip 건너뛰다
- [ ] pull 당기다
- [ ] push 밀다
- [ ] put 놓다
- [ ] lift 들어올리다
- [ ] throw 던지다
- [ ] catch 잡다
- [ ] hold 잡고 있다
- [ ] clap 박수치다
- [ ] wave 손 등을 흔들다
- [ ] carry 운반하다
- [ ] pick up 집어들다
- [ ] point 가리키다
- [ ] wipe 닦아내다
- [ ] wash 씻다
- [ ] spill 엎지르다
- [ ] pour 붓다
- [ ] dig 구멍을 파다

- [ ] **water** 물을 주다
- [ ] **feed** 먹이다
- [ ] **drive** 운전하다
- [ ] **cook** 요리하다
- [ ] **go** 가다
- [ ] **come** 오다
- [ ] **put on** 입다, 착용하다
- [ ] **take off** 벗다
- [ ] **turn on** 켜다
- [ ] **turn off** 끄다
- [ ] **crawl** 기다
- [ ] **climb** 기어오르다
- [ ] **chase** 쫓아가다
- [ ] **fall** 넘어지다
- [ ] **roll** 구르다
- [ ] **sit** 앉다
- [ ] **stand** 일어서다
- [ ] **swim** 수영하다
- [ ] **dance** 춤추다
- [ ] **sleep** 잠자다
- [ ] **bow** 머리 숙여 인사하다
- [ ] **play** 놀다, 연주하다
- [ ] **break** 깨뜨리다
- [ ] **wait** 기다리다
- [ ] **fight** 싸우다
- [ ] **quarrel** 다투다

■ 위치의 전치사 / 부사

- [ ] **up** 위로
- [ ] **down** 아래로
- [ ] **in front of** ~의 앞에
- [ ] **behind** ~의 뒤에
- [ ] **on** ~ 위에
- [ ] **over** (떨어진 상태로) ~위에
- [ ] **under** (떨어진 상태로) ~아래에
- [ ] **above** (over보다 더 떨어진) ~위에
- [ ] **below** (under보다 더 떨어진) ~아래에
- [ ] **in** ~안에
- [ ] **out** ~밖에
- [ ] **into** ~안으로
- [ ] **out of** ~에서 밖으로
- [ ] **from** ~에서부터
- [ ] **to** ~까지
- [ ] **between** (둘) ~사이에
- [ ] **among** (셋 이상의) ~사이에
- [ ] **across** ~을 가로질러
- [ ] **through** ~을 관통하여
- [ ] **round** ~을 돌아, ~주위에
- [ ] **next to** ~바로 옆에
- [ ] **by** ~의 곁에
- [ ] **beside** ~곁에
- [ ] **near** ~가까이에